写真と図で見る

ロープとひもの結び方

大全

西東社

もくじ

パート3　釣りで使うロープワーク

パート4　船で使うロープワーク

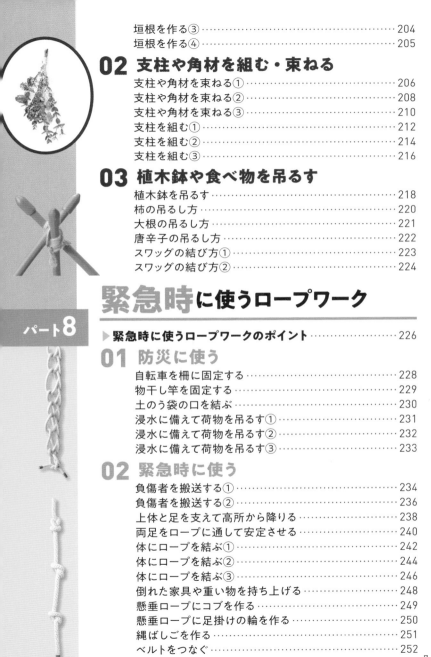

緊急時に使うロープワーク

パート8

03 応急処置で使う

04 車が故障したとき

ロープのメンテナンス

01 ロープの端を止める

02 ロープのまとめ方

パート **1**

ロープワークの
基礎知識

ロープの種類と特徴

三つよりロープと編みロープ

ロープは「三つよりロープ」と「編みロープ」に大別される。

三つよりロープは昔からあるオーソドックスなロープで、繊維をより合わせて「ヤーン」と呼ぶ糸にし、そのヤーンをより合わせて作った3本のストランドを三つよりにして作られている。よってあるだけなのに簡単にほどけないのは、ストランドを作るヤーンのより方向と、ロープにするストランドのより方向を逆にしてあるからで、この構造が引っ張りの強さにもつながっている。欠点はやや固くて使いにくいこと。よじれ（キンク）もできやすい。

ストランド3本をより合わせる方向の違いで、外見上「Zよりロープ」と「Sよりロープ」の2種類があり、普通の三つよりロープの大半は「Zより」になっている。

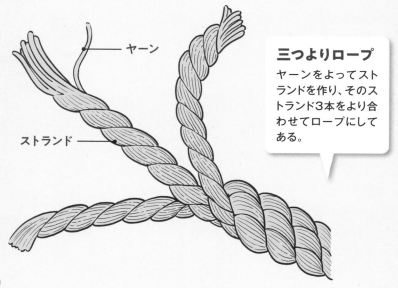

ヤーン

ストランド

三つよりロープ
ヤーンをよってストランドを作り、そのストランド3本をより合わせてロープにしてある。

編みロープは、ヤーンやストランドをより合わせるのではなく、編んで作ったロープの総称。いろいろな種類があるが、大きくは芯を外皮でサヤのように覆った「丸編みロープ」と、Sよりストランド2本、Zよりストランド2本で交互に編み上げた「角編みロープ」に分けることができる。

三つよりロープと比較すると、柔らかくて作業性がよく、型くずれやもつれもできにくい。ただし、伸びやすいという欠点がある。

Zより **Sより**

「より」の方向によって「Zより」と「Sより」があるが、ほとんどはZだ。

編みロープ
編んだ外皮で芯を覆っているのが「丸編みロープ」。柔軟性が高い。

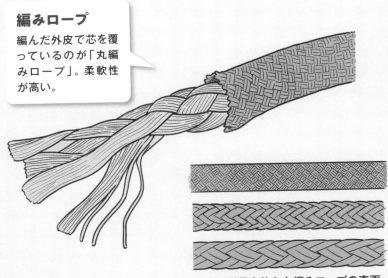

上二つが代表的な丸編みロープの表面、下は角編みロープ。

11

天然繊維と化学繊維

　ロープは構造とは別に材質によっても長所や短所があるので、どういう素材で作られているかを知ることもたいせつだ。ホームセンターなどでもいろいろなロープが手に入る。使用目的に合った太さ、材質を選ぶのはもちろんだが、天然繊維より化学繊維のほうが強く、三つよりロープより編みロープのほうが扱いやすいことは覚えておこう。

天然繊維

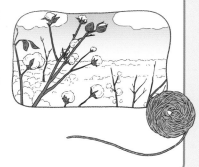

　日常生活でよく目にするのは木綿ロープやワラで作った荒縄、ガーデニングではシュロ縄も使われる。ほかには、マニラ・ロープ、ヘンプ・ロープ、タール・ロープなど。化学繊維のロープと比較すると価格が安くて伸びにくいが、同じ太さだと強度が劣り、水に弱いという欠点もある。また、作業性も劣る。

化学繊維

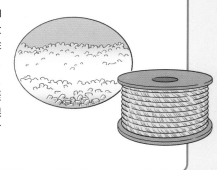

　ナイロン、ポリエステル、ポリプロピレンなどの材質が使われ、三つよりロープ、編みロープの両方で非常に多くの種類が市販されている。
　長所は強度、柔軟性、耐久性、耐水性が天然繊維よりも高く、軽いこと。一方で熱や摩擦、紫外線などに弱く、伸びやすくて滑りやすいという短所もある。

おもな天然繊維ロープの特徴

木綿ロープ	木綿の繊維が材料。天然繊維ロープのなかでは、やわらかくて作業性にすぐれ、価格も安い。ただし、腐食しやすく、耐久性に劣る。装飾用によく使用される。
マニラ・ロープ	マニラ麻の繊維が材料。天然繊維ロープのなかでは強くて、同じ太さの木綿ロープの約2倍の強度がある。軽くて水に浮き、耐食性にも優れている。化学繊維の普及により、現在はあまり使われていない。
ヘンプ・ロープ	大麻の一種からとる繊維が材料。強度はマニラ・ロープを上回り、天然繊維ロープではもっとも強い。欠点は水に弱く腐食しやすいこと。白麻ロープともいう。タールで防水処理をして使用する場合もある。
サイザル・ロープ	リュウゼツランからとる繊維が材料で安価。マニラ・ロープより強度は少し低下するが、木綿ロープと比較するとはるかに強い。

おもな化学繊維ロープの特徴

ナイロン・ロープ	化学繊維ロープのなかではもっとも歴史が古いが、簡単に購入できるロープとしては現在でも一番強度が高い。摩耗しにくく、水に浮かないのも特徴。登山用ロープとしてもよく利用される。
ポリエステル・ロープ	強度が高く、摩耗しにくい。耐久性の高さはナイロン・ロープと同じだが伸びにくい。また、水に濡れると強度が増すという特徴を持つ。ただし水に浮かない。
ポリプロピレン・ロープ	単繊維、多繊維などいろいろな種類がある。ほとんどは三つよりロープになっていて安価なのが特徴のひとつ。天然繊維ロープより安いものもある。ナイロン・ロープ、ポリエステル・ロープに比べると強度はやや低く（天然繊維ロープよりは強い）耐久性も劣っているが、水に浮く。摩擦や紫外線には弱いので、屋外での恒久的な使用には向かない。

各部の呼び方

　ロープを結ぶとき、多くの場合は一方の先端を動かす。この先端のことを「動端」「手」「端」、英語では「ランニング・エンド」などと呼び、対して動かさない部分を「元」「主部」「スタンディング・パート」と呼ぶ。

　また、ロープワーク中はふたつ折りにしたり、輪を作ったりするので、その形にも呼び名がある。ふたつ折りにして曲げた部分を「曲げ」、「バイト」、閉じた輪を「輪」「クロッシング・ターン」、ロープが交差していない輪を「ループ」などと呼ぶ。ただし、これらの呼び名ははっきり決まっているわけではなく、輪にした形をすべてループと呼ぶ場合もある。ちなみに、本書では、動かすほうを「端」、動かさないほうを「元」、閉じた輪を「輪」、閉じていない輪や曲げを「ループ」で統一している。

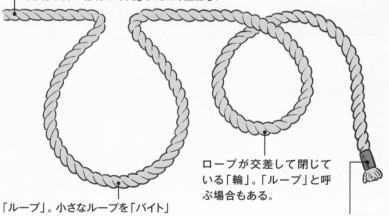

└ 先端以外の部分が「元」または「主部」。

ロープが交差して閉じている「輪」。「ループ」と呼ぶ場合もある。

「端」「動端」または「ランニング・エンド」。

「ループ」。小さなループを「バイト」と呼び分ける場合もある。

ロープを編み込んで作る固定の輪は「目」または「アイ」とも呼ぶ。

結び方の基本と メカニズム

基本的な手順

　どんなに複雑に見える結び方でもその手順を追ってみると、ひとつひとつの作業は意外に簡単であることがわかる。ロープワークというのは、単純な手順をどう組み合わせていくかという作業なのだ。

　基本的な手順はごくわずかしかない。たとえば、下のイラストは木にロープを掛ける場合だが（木のかわりに別のロープであっても、荷物であってもよい）、基本は「ただ引っかける」「ひと巻きする」「完全に巻きつける」の3つ。これに輪に端をからめる「縛り」が加わるだけだ。「縛り」にも次ページのように端をどうかわすかで3パターンあるが、それでも基本手順は6つ。あらゆる結び方は、これらの組み合わせと繰り返しでできているのだ。

引っかける

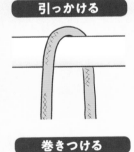

ひと巻きする

縛り（ひと結び）

巻きつける

基本の手順は
この3つだ。

輪に端をからめるのが
「縛り」。図はもっとも
シンプルな「ひと結び」。

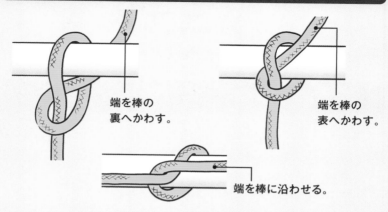

縛りのかわし方

端を棒の
裏へかわす。

端を棒の
表へかわす。

端を棒に沿わせる。

端をどうかわすかで、「縛り」も変化する。

摩擦と力の方向

　単純な手順をいくつか組み合わせて結び目を作る最大の目的は「摩擦を生み出す」ことだ。ロープワークとは、ロープどうしやロープとほかの物との摩擦を作る知恵といってもいい。

　接触している面積が広くなれば摩擦の抵抗も大きくなる。複雑な結び目のほうがほどけにくいのは、ロープどうしの接触面積が広くそれだけ摩擦も大きいからなのだ。

　摩擦がうまく生まれるかどうかは、結び目の複雑さだけでなく、ロープに加わる力の方向もかかわっている。右ページ上のイラストのように木にロープを3巻きした状態を考えてみよう。左のようにロープの一方の端を真下に引いた場合、摩擦の抵抗は木とロープの接触面だけになる。ところが右のようにロープにかかる力の方向が変わると、ロープどうしの摩擦抵抗も生まれ、左よりもほどけにくくなるのだ。ロープにどういう方向の力がかかっているのかを考えながら結ぶことも、ロープワークの重要なポイントになる。

抵抗が小さい

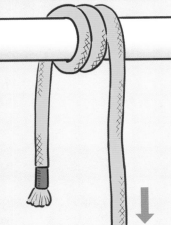

摩擦部分が少ないとロープを強く
引いたときほどけてしまう。

抵抗が大きい

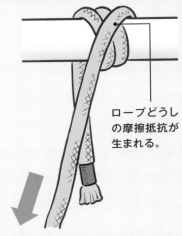

ロープどうし
の摩擦抵抗が
生まれる。

イラストのようにロープが上から押
されると抵抗ができるので、ほどけ
にくくなる。

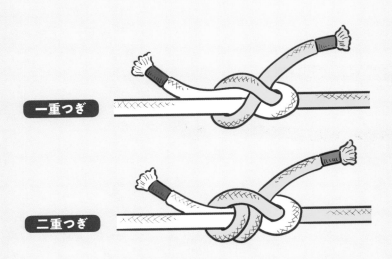

一重つぎ

二重つぎ

二重つぎのほうがロープの接触面積が大きく摩擦も大きいのでほどけにくい。

結び方の使い分け

たとえば靴ひもなどを結ぶときの「蝶結び」はたいていの人が知っているが、それでロープを木に確実に結びつけることはできない。ロープワークには、目的に応じて考案されてきたいくつかのグループがある。何に適した結び方なのかを理解して使い分けることもたいせつだ。

ロープどうしをつなぐ

ロープやひもどうしをつなぐ、荷物に掛けたひもの末端をつなぐなど、日常的にもっともよく使われる結び方のグループ。「一重つぎ」「二重つぎ」「本結び」「蝶結び」「外科結び」「テグス結び」「二重テグス結び」、釣り糸の結びに使う「ユニ・ノット」「オルブライト・ノット」などがある。左右あるいは上下方向へ均等に引く力に対して強さを発揮する結び方だ。ただし、ロープの太さや材質によっては、強い力が加わるとほどけてしまう場合もあるので注意が必要。とくに化学繊維ロープは滑りやすいので、できるだけ摩擦の大きい結び方を選んだほうがいい。

一重つぎ（➡ P52）

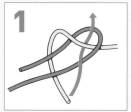

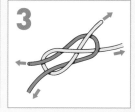

二重つぎ（→ P53）

本結び（→ P54）

蝶結び（→ P136）

かます結び（→ P138）

外科結び（→ P58）

テグス結び（→ P56）

二重テグス結び（→ P57）

ユニ・ノット（→ P101）

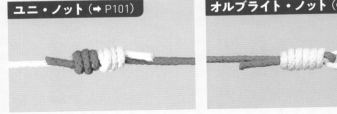

オルブライト・ノット（→ P102）

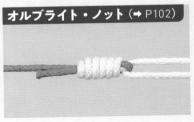

ロープを木などに結ぶ

　木や杭、フックなどロープを何かに結びつける方法。「ねじ結び」「てこ結び」「巻き結び」「いかり結び」「てこ掛け結び」「ふた結び」など非常に種類が多く、同じ名称の結び方でも結ぶ対象によって手順がまったく違うということもある。

　特徴は一方から力がかかっているときに強さを発揮する結び方が多いことで、加わる力が大きいほど強くしまる。逆に元側がたるんでロープの張りが弱まると、ほどけやすくなる結び方が少なくないので、力のかかり方に注意しなければならない。

ねじ結び（→ P37）

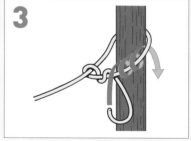

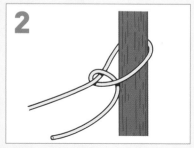

てこ結び(➡ P38)

巻き結び(➡ P76)

いかり結び(➡ P118)
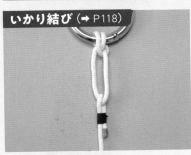

てこ掛け結び(➡ P119)
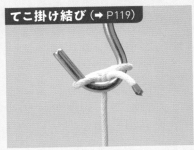

ふた結び(➡ P39)

杭結び(➡ P117)

クリンチ・ノット(➡ P112)

内掛け結び(➡ P106)
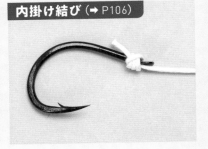

ロープに輪を作る

ロープの端に輪を作る結び方と、ロープの中間に輪を作る結び方がある。

端に輪を作る結び方の代表格は「もやい結び」で、物を吊り上げる、ロープを木や杭につなぐなどのほか、ロープどうしをつなぐためにも使える非常に応用範囲の広い結び方だ。ほかには「腰掛け結び」「スペイン式もやい結び」などがある。

ロープの中間に輪を作る結び方には、「バタフライ・ノット」「よろい結び」などがある。もやい結びなどに比べると使用範囲は限られるが、どれか1種類でも覚えておくとアウトドアで重宝する。

もやい結び（→ P36）

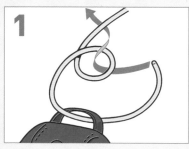

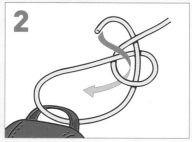

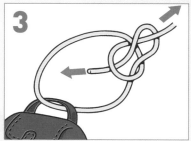

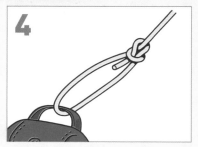

腰掛け結び（→ P83）

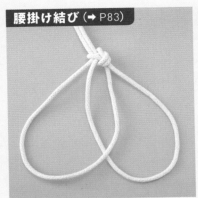

スペイン式もやい結び（→ P240）

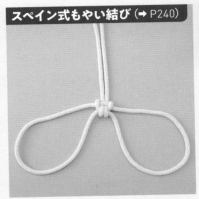

二重8の字結び（→ P46）

バタフライ・ノット（→ P82）

よろい結び（→ P59）

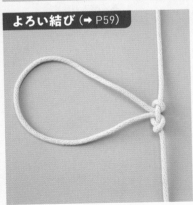

ミドルマン・ノット（→ P81）

ロープにコブを作る

　何かの穴にロープを通すときのストッパー、滑り止め、先端に重みをつける、切れたロープの端を応急的にまとめるなどの目的で、ロープにコブを作る結び方。「8の字結び」「固め止め結び」「命綱結び」「投げ綱結び」などがある。ロープにコブが必要になる機会はあまり多くはないが、「8の字結び」などは覚えておくと、ほかにもいろいろと応用がきくので便利だ。

8の字結び（➡ P40）

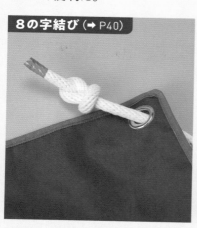

固め止め結び（➡ P41）

命綱結び（➡ P122）

投げ綱結び（➡ P123）

そのほかのさまざまな結び方

「つなぐ」「結び止める」「輪を作る」「コブを作る」以外の目的で考えだされたロープワークもある。たとえば、「縮め結び」などはロープの長さを一時的に短縮するために使われる方法。「張り綱結び」や「トラッカーズ・ヒッチ」は単純な結び止めにロープの張り具合を調節するという機能を持たせる目的で考案された結び方だ。

　木材をつなぎ合わせる「角縛り」「筋交い縛り」「8の字縛り」は、ほかの目的には応用できない特殊な方法で今では実用性もあまりないが、ロープワークの醍醐味を伝える意味でも残しておきたい結び方だ。「柳行李結び」や唐辛子を吊るす結び方なども対象物が限定されるが、作業や運搬に役立つことがあるので、使用機会が多そうであれば覚えておきたい。

縮め結び（➡ P50）

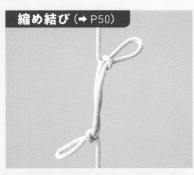

張り綱結び（➡ P48）

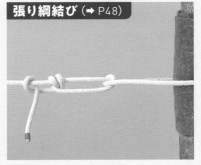

トラッカーズ・ヒッチ（➡ P60）

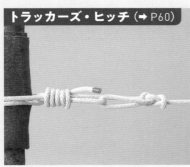

丸太結び（➡ P75）

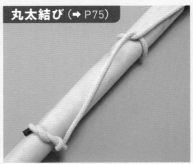

巻き縛り（→ P66）

角縛り（→ P62）

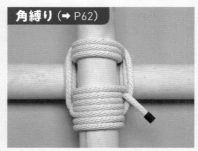

筋交い縛り（→ P64）

8の字縛り（→ P210）

平編み（→ P90）

鎖結び（→ P166）

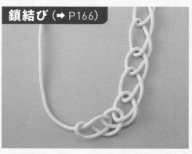

柳行李結び（→ P144）

唐辛子を吊るす結び方（→ P222）

常備しておくと便利なロープとひも

購入時の注意ポイント

　ロープを買う場合は、目的に合ったサイズを選ぶことがたいせつだ。登山のように厳しい条件下でハードな使い方をするなら直径10mmを超える太いロープが必要だが、それ以外の使い方、たとえばキャンプで使うなら10mmは太すぎて扱いにくい。6〜8mmがいいところだろう。ロープの種類が多い売り場だと、つい太めのロープを買ってしまいがちなので注意したい。ロープは太さと材質によって使用安全荷重が違うので、そのチェックも購入時の必須事項だ。

　長さは、自分で「このぐらいは必要」と思う長さに1〜2割プラスしよう。使ってみて長すぎればその時点で切ればいいが、短い場合はどうしようもなくなる。5mのロープ2本よりも10mのロープ1本のほうがずっと使い道が広いということを覚えておこう。

**自分が思う長さ
＋1〜2割の長さ**

目的に応じたロープやひもを準備する

ロープはその使用用途に応じて数種類用意しておくのが好ましい。まずは用途ごとに、どのようなロープやひもがあるのかを確認しておこう。家庭での作業、いざというときの防災用、週末のレジャーのためなど、いろいろな使い方が考えられる。また、手元にロープがあれば、事前にロープワークの練習もできるので、スキルアップにもつながるだろう。

キャンプ

キャンプでは1.5m〜20mまで必要に応じていろいろな長さのロープを数種準備しておこう。雨や紫外線の影響も強いので、ナイロン・ロープなど耐久性の高い素材を選ぶ。

釣り

釣りで使われる糸には、取り扱いしやすいナイロンライン、伸縮の少ないフロロカーボンライン、強度の高いPEラインなどがある。それぞれの特性を理解して使い分ける。

船

ポリエステル・ロープなど水に強いロープを選ぶのが大前提。耐水性だけでなく、水に濡れた際の劣化なども考慮する。水や海水に濡れた後は、しっかりと洗浄・乾燥をしておくこと。

荷造り・生活

古紙などをまとめる程度であれば、汎用性の高い太さ2〜3mmのロープが便利。荷物を押さえるときなど、普段の生活で利用する場合は太さ6〜8mmのロープを準備しておけばいいだろう。

雨風に強く腐食しにくい
天然繊維のロープが適している

園芸

園芸やガーデニングでは
木綿ロープ以外に、シュ
ロ縄、パームロープ、ポリ
エステルロープなどが利
用される。花の支えには
シュロ縄、植木の支えに
はパームロープ、と使い
分ける。

緊急時

防災用には強度の高い
登山用ロープなどを利用
するのがおすすめ。太さ
は8mmぐらいで、長さ
は約10mのロープを数
本用意しておけば、ある
程度の災害に対応できる
だろう。

強度が高く磨耗しにくい
化学繊維のロープが
適している

29

ロープワークの注意点

使用時の注意ポイント

ポイント 1 傷んだロープは使わない

すり切れているのはもちろんのこと、ストランドがゆるんでいたり、くの字に曲がって戻らない（キンク）ようなロープも使わない。見た目は大丈夫そうでも、強度が大きく低下していて突然切れたりすることもある。ロープは消耗品と考えよう。

ポイント 2 踏まない

ロープを踏むと細かい石や砂粒などの固い異物が繊維の内部に入り込むことがある。その状態で強い力が加わると、異物が刃物のように内側からロープを傷つけるのだ。

ポイント 3 地面に直接置かない

ポイント2の「踏まない」と同じく小石などを避けるのも理由のひとつ。異物が入らなくても泥や油などの汚れがついて劣化を早めることもある。地面に置くときはシートなどを敷くのが常識だ。

ポイント **4** 濡らさない

ロープはできるだけ濡らさない。とくに天然繊維のロープは劣化しやすくなる。雨や海での使用など水分を避けられない場合は、取り扱いに十分注意すること。滑りやすく、結び方によっては濡れるとほどきにくくなることもある。

ポイント **5** 岩などに 注意する

使用中のロープが岩の鋭角部に当たると予想できる場合は、ロープに保護チューブをはめたり、岩側に布や皮をかませたりして「すり切れ予防策」を講じたい。ロープを角材や鉄骨に結ぶときも同じだ。

ポイント **6** 急に 力をかけない

大きな力がロープに急激にかかるような行為は絶対にしない。ジワジワかかれば耐えられる力でも、急にかかると伸びたり切れたりすることがあるからだ。したがって急激な力が加わったロープは傷んでいると考えたほうがいい。

31

保管時の注意ポイント

　まず使用後のロープは、汚れを十分に落として傷やキンクの有無を
チェックし、補修できる部分は補修しておく（二重止め結び→Ｐ269な
ど）。汚れ落としは水洗いでいいが、海で使用したロープは、ただ洗う
だけでなくしばらく水に浸けて塩を抜く。

　ほとんどのロープは湿気を嫌うので、洗った後の乾燥は完全に行う
こと。化学繊維ロープのなかには紫外線で劣化が早まるものがある
ので、陰干しが無難だ。

　保管場所も同じ理由から、日陰の風通しのいい場所がベスト。保
管するときのロープのまとめ方は277〜283ページに紹介してあるが、
長期間保管しておく場合はできるだけ大きく束ねるほうが、キンクが生
じにくい。

点検

塩抜き

陰干し

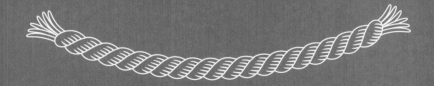

パート2

キャンプで使う
ロープワーク

キャンプで使う ロープワークのポイント

　キャンプでロープを購入する場合、想定している目的に合った長さと太さを選ぶことがたいせつだ。例えばハンモックを吊るすなら長さ20m 太さ10mmで強度の高いもの、シェラカップなどの小物を吊るすなら、長さ30cm 太さ2mmのもので十分だろう。このように用途によってサイズは大きく変わってくるので、何をしたいか想定してから買いに行くことをおすすめする。張り綱のいらない支柱のないドーム型テントや便利な道具が増えたことにより、ロープワークの必要性は少なくなってはいるが、これらは「条件のいいサイト」という前提があることを忘れないで欲しい。たとえば地面が柔らかすぎたり逆に堅すぎたりしてペグを利用できないときどうするのか？　このような場面でもロープワークの知識があれば解決できるのだ。

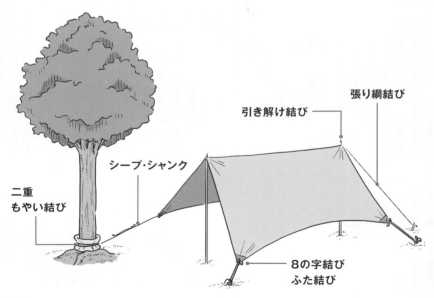

張り綱結び

引き解け結び

シープ・シャンク

二重
もやい結び

8の字結び
ふた結び

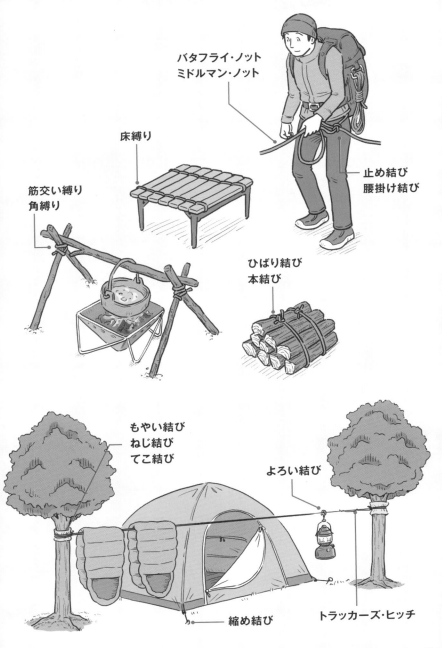

バタフライ・ノット
ミドルマン・ノット

床縛り

止め結び
腰掛け結び

筋交い縛り
角縛り

ひばり結び
本結び

もやい結び
ねじ結び
てこ結び

よろい結び

縮め結び

トラッカーズ・ヒッチ

35

01 テントやタープを張るとき

テントやタープの張り綱を立木に結ぶ方法。木に厚手の布などを巻き、その上から結ぶ。ロープの保護と同時に、樹皮を傷つけないためのアウトドアのマナーだ。

テントやタープの張り綱を木の幹に結ぶ①

もやい結び（ボーライン・ノット）

1

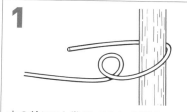

木の幹にひと巻きしてから、元側をひねって小さい輪を作る。

2

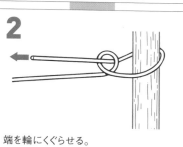

端を輪にくぐらせる。

3

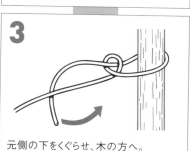

元側の下をくぐらせ、木の方へ。

4

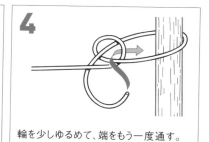

輪を少しゆるめて、端をもう一度通す。

5

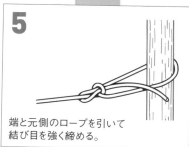

端と元側のロープを引いて結び目を強く締める。

6 完成

木に直接結びつけるのではなく、輪を掛けるような結び方で、応用範囲が広い。

ねじ結び（ティンバー・ヒッチ）

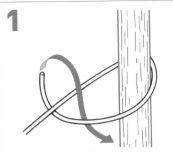

1

木に一回りさせた端を、
元側の下からくぐらせる。

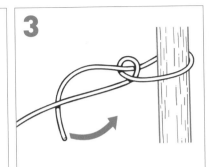

3

端を輪のロープに2～3回巻きつける。

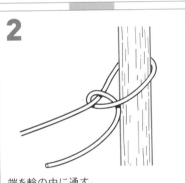

2

端を輪の中に通す。

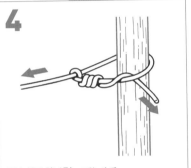

4

元と端を強く引いてしめる。

5

完成

荷重が強いほどよくしまるが、簡単にほどくことができる。

てこ結び（ボート・ノットまたはマリンスパイク・ヒッチ）

1

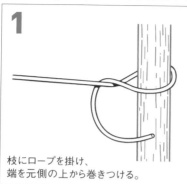

枝にロープを掛け、
端を元側の上から巻きつける。

2

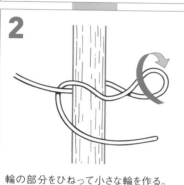

輪の部分をひねって小さな輪を作る。

3

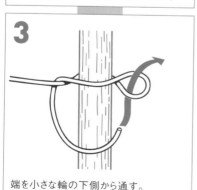

端を小さな輪の下側から通す。

4

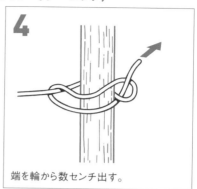

端を輪から数センチ出す。

5

元を引いてしめる。

6

完成

英語名の通り、係船などに使う。

テントやタープの張り綱を木の幹に結ぶ④

ふた結び（ツー・ハーフ・ヒッチ）

1 ロープを木に掛け、端を元側に巻きつける。

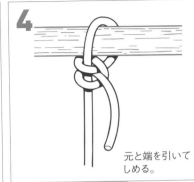

4 元と端を引いてしめる。

2 「ひと結び」（→P15）して端をもう一度元側へ。

3 同じように巻きつけて結ぶ。

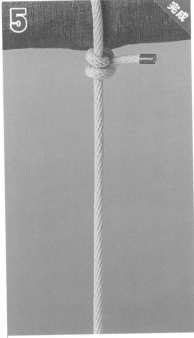

5 完成

簡単な結び方だが、大きな力がかかるロープの固定には使えない。

8の字結び（フィギュア・エイト・ノット）

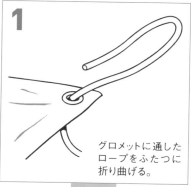

1

グロメットに通した
ロープをふたつに
折り曲げる。

4

ロープが8の字を描く。

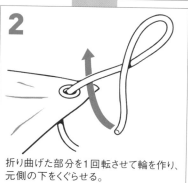

2

折り曲げた部分を1回転させて輪を作り、
元側の下をくぐらせる。

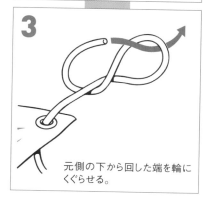

5

端を長く出しすぎないように
しながらしめてコブにする。

3

元側の下から回した端を輪に
くぐらせる。

6 完成

ロープの端にコブを作る代表的な結び
方のひとつだ。

40

小さなグロメットにロープを通す②

固め止め結び（ダブル・オーバー・ハンド・ノット）

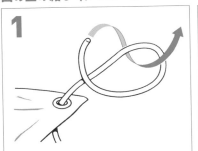

1

グロメットにロープを通して
一度結ぶ（止め結び）。

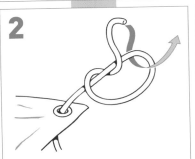

2

結び目をしめずに、もう一度
同じ動作を繰り返す。

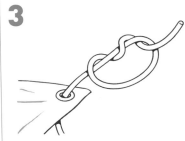

3

輪に端が2回巻きついた状態になる。

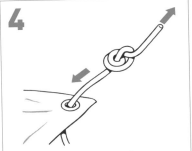

4

そのまま端を長く残さないように
調節してコブを作る。

5 完成

コブを大きくしたければ**2～3**の動作をふやせばいい。

グロメットにロープをつなぐ

ふた結び（ツー・ハーフ・ヒッチ）

1

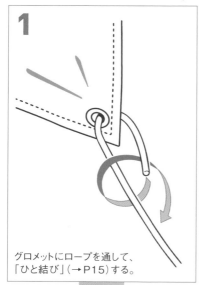

グロメットにロープを通して、
「ひと結び」（→P15）する。

2

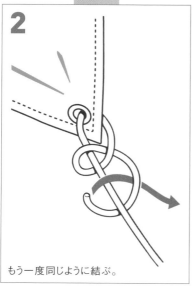

もう一度同じように結ぶ。

3

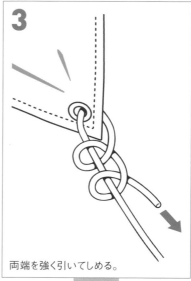

両端を強く引いてしめる。

4 完成

ペグを抜いて力をゆるめれば、簡単にほ
どくことができる。

ペグのかわりに石を使う①

ひばり結びの応用 (スリングストーン・ヒッチ)

1

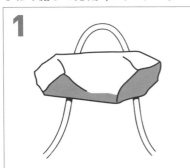

ふたつ折りにしたロープの上に石を置く。

4

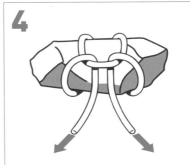

両端を強く引いてしめる。

2

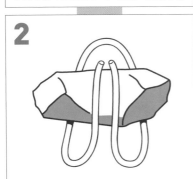

両端を石の上に持ってくる。

5

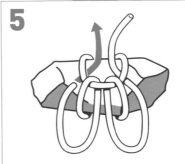

両端をもう一度ループに通してしめる。

3

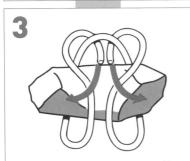

折ったループ部分の後ろ側から両端を通し、石の上面に出す。

6 完成

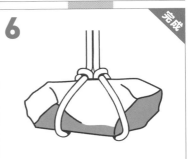

こうして結んだ後、ロープの端をテントのグロメットに通す。

ペグのかわりに石を使う②

固め結び（コンストリクター・ヒッチ）

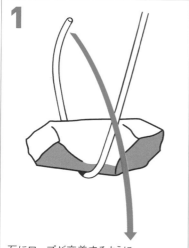

1

石にロープが交差するように
ひと巻きし、端を元側へ持ってくる。

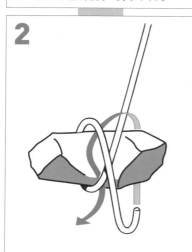

2

元側の上を通して端を出し、最初の
交差部の下をくぐらせる。

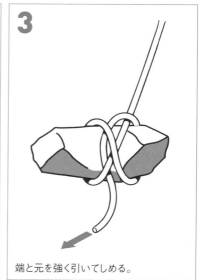

3

端と元を強く引いてしめる。

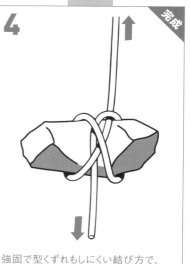

4

完成

強固で型くずれもしにくい結び方で、
柵作りなどでも利用する。

44

グロメットのない部分にロープを結ぶ

ふた結び（ツー・ハーフ・ヒッチ）

1

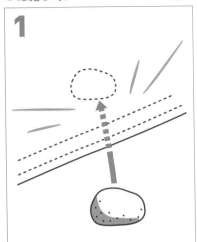

テントの内側から石など結びの
芯にする物を入れる。

3

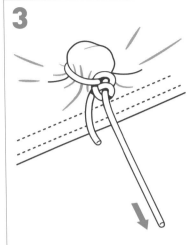

強くしめ、端をペグで固定する。

2

テントの外側から芯にロープを
掛け、ふた結びする。

4

完成

ふた結び以外の結び方でもいい。でき
るだけ細いロープを使用するのがポイント。

タープの支柱を 2 方向から引っ張る

二重8の字結び（ダブル・フィギュア・エイト・ノット）

1

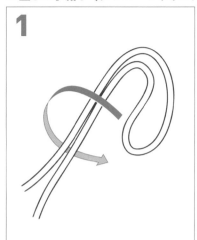

タープの支柱に掛けたい位置でロープをふたつ折りにし、二重のループにする。

3

8の字を引きしめ、先端の小さい輪に支柱の先端を通す。

2

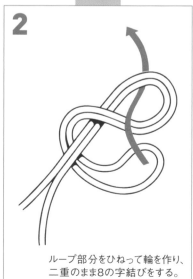

ループ部分をひねって輪を作り、二重のまま8の字結びをする。

4 完成

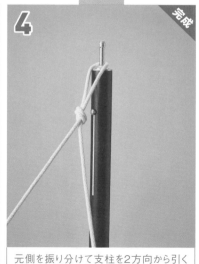

元側を振り分けて支柱を2方向から引くように固定する丈夫な結び方。

引き解け結び（スリップ・ノット）

1

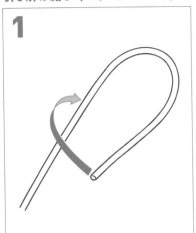

ロープの先端を折り曲げ、
端を元側の上に通す。

3

結びをしめながら、ルー
プを支柱の先端に掛け
てさらにしめる。

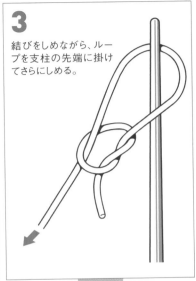

2

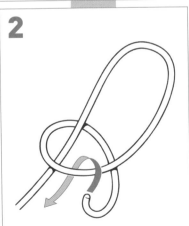

元側に掛かる小さい輪を作り、
その輪に端を通す。

4 完成

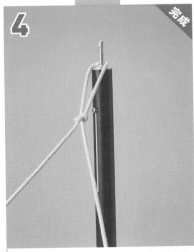

強い結び方ではないが、ループの大きさ
を自由に調節しやすい。

ロープの長さを調節できるようにしておく

張り網結び（トートライン・ヒッチ）

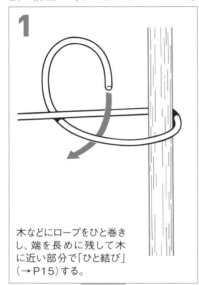

1

木などにロープをひと巻き
し、端を長めに残して木
に近い部分で「ひと結び」
（→P15）する。

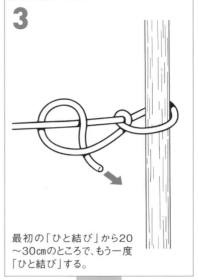

3

最初の「ひと結び」から20
〜30㎝のところで、もう一度
「ひと結び」する。

2

もう一度元側に巻きつける。

4

完成

端を木の方へ戻して、
同じように「ひと結び」する。

5

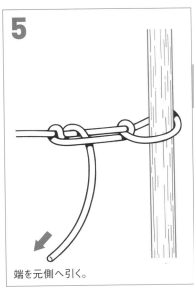

端を元側へ引く。

6

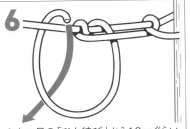

ふたつ目の「ひと結び」から10cmぐらいの位置でも、さらに「ひと結び」する。

7

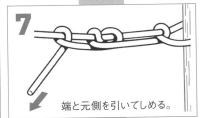

端と元側を引いてしめる。

8

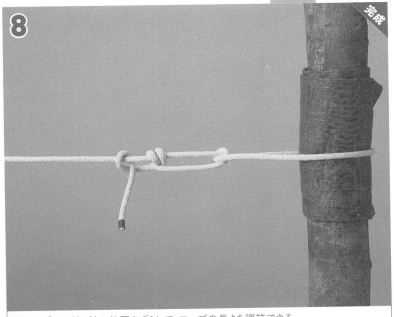

最初の「ひと結び」の位置をずらして、ロープの長さを調節できる。

張り綱の長さを調節する①

縮め結び（シープ・シャンク）

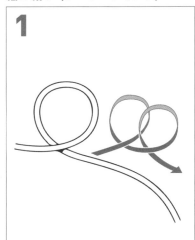

1

ロープの中間に輪をひとつ作り、最初の輪の右側に同じように輪をふたつ作る。

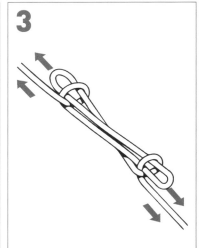

3

中央の輪を左右の輪に通し、調節したい長さでしめる。

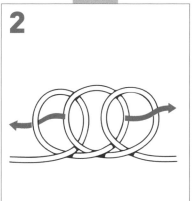

2

中央の輪を左の輪の上、右の輪の下に重ねる。

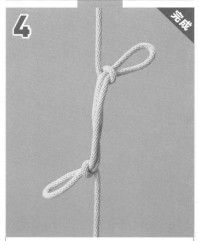

4 完成

ロープの両端が固定されていても調節可能。力がかかっている限りゆるむことはない。

張り綱の長さを調節する②

縮め結び（シープ・シャンク）

1

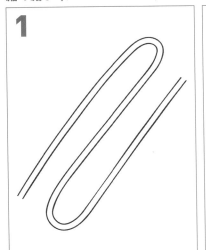

ロープの余っている部分を
三つ折りにする。

2

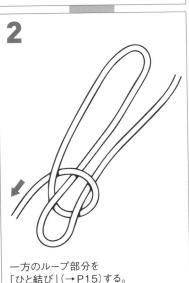

一方のループ部分を
「ひと結び」（→P15）する。

3

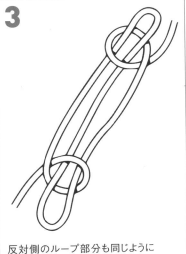

反対側のループ部分も同じように
「ひと結び」してしめる。

4 完成

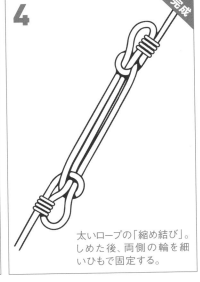

太いロープの「縮め結び」。
しめた後、両側の輪を細
いひもで固定する。

02 ロープの長さが足りないとき

2本のロープを結び合わせる方法。ロープの太さや材質、目的によっていろいろな結び方を使い分ける。

細いロープをつなぐ

一重つぎ（シート・ベンド）

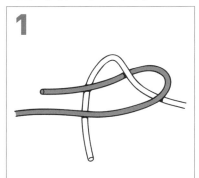

1 一方のロープを折ってループを作り、もう一方のロープの端をそのループに通す。

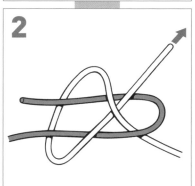

2 ループを巻くようにして端を元側の下に通す。

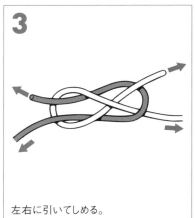

3 左右に引いてしめる。

4 完成
いろいろな太さのロープに使える確実な結び方だ。

太さの違うロープをつなぐ

二重つぎ（ダブル・シート・ベンド）

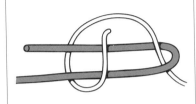

太い方のロープでループを作る。細いロープを「一重つぎ」（→P52）と同じ手順で通しループをひと巻きする。

左右に引いてしめる。

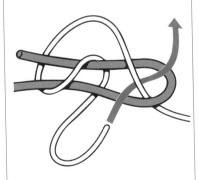

細いロープの端をもう一度ループ部分に巻き、元側の下を通す。

完成

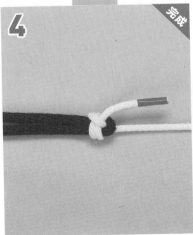

「一重つぎ」より強固なので細いロープと太いロープをしっかりつなぐ場合に適している。

本結び（リーフ・ノット）

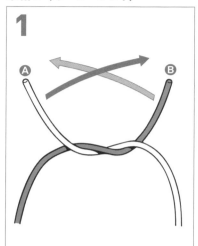

1

ⒶのロープをⒷの上に重ね、端を1回巻きつけて上部で交差させる。

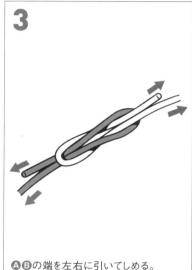

3

ⒶⒷの端を左右に引いてしめる。

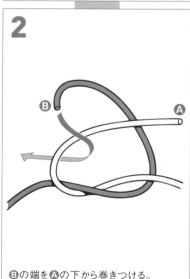

2

Ⓑの端をⒶの下から巻きつける。

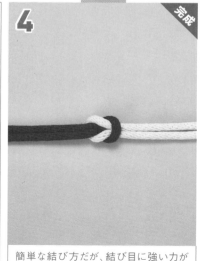

4 完成

簡単な結び方だが、結び目に強い力がかかる場合は適さない。

手早く細いロープをつなぐ②

片解き本結び（スリップト・リーフ・ノット）

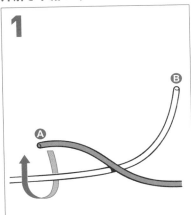

1

Ⓐの端をⒷの上に重ねて
一度巻きつける。

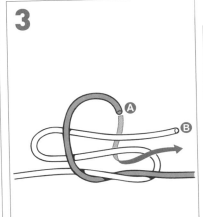

3

ⒷのループをⒶの端でひと巻きしてから
下のループに通し、しめる。

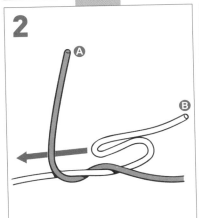

2

Ⓑの端を折り曲げてループにし、
Ⓐの下側へ。

4 完成

「片はな結び」ともいい、Ⓑの端を引くと
簡単に解ける。

55

テグス結び（フィッシャーマンズ・ノット）

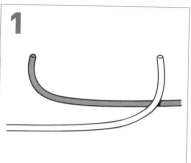

1

2本のロープを平行にそろえる。

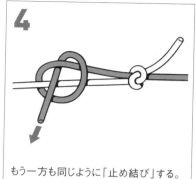

4

もう一方も同じように「止め結び」する。

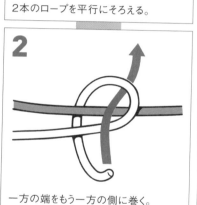

2

一方の端をもう一方の側に巻く。

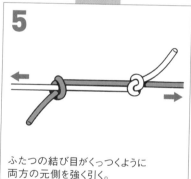

5

ふたつの結び目がくっつくように
両方の元側を強く引く。

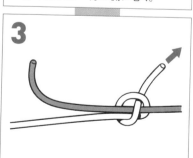

3

固く「止め結び」（→P85）をする。

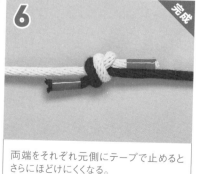

6

完成

両端をそれぞれ元側にテープで止めると
さらにほどけにくくなる。

滑りやすい細いロープをつなぐ②

二重テグス結び（ダブル・フィッシャーマンズ・ノット）

1

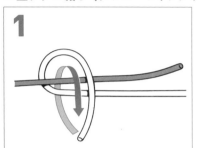

2本のロープをそろえ、一方の端を巻きつけ、内側からもう一度巻きつける。

3

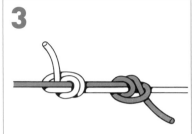

もう一方も同じように
2度巻いてからしめる。

2

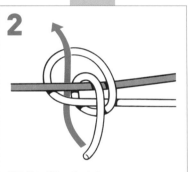

端を輪に通してしめる。

4

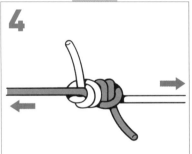

両方の元側を強く引いて、ふたつの
結び目をくっつける。

5

完成

化学繊維など滑りやすいロープを強固につなぐのに適した結び方だ。

がっちり結び合わせる

外科結び（サージェンズ・ノット）

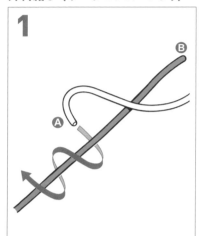

1

ⒶをⒷに上から重ね、端を
Ⓑの元側にふた巻きする。

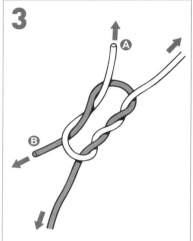

3

ⒶとⒷの端と元側を強く引いてしめる。

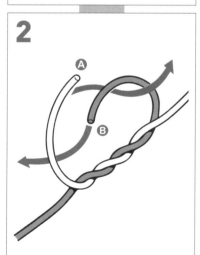

2

両方のロープの端を折り返し、Ⓐの端を
Ⓑの端に上から重ねてひと巻きする。

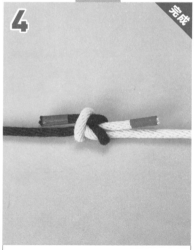

4

完成

「本結び」の最初の巻き付けを2回にし
た結び方になる。

03 テント周りを快適にする

テントを設営したら、その周囲もロープワークでひと工夫。根気よくやれば、木材とロープだけでテーブルや椅子を作ることもできる。

ランタンをぶらさげる

よろい結び（ハーネス・ノット）

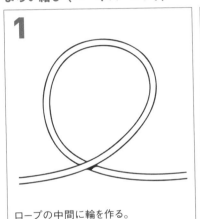

1

ロープの中間に輪を作る。

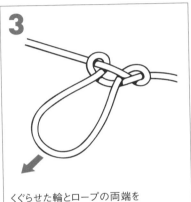

3

くぐらせた輪とロープの両端を引いてしめる。

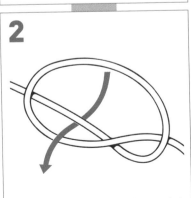

2

輪をロープの主部に重ね、輪の一方をつかんで図のように主部をくぐらせる。

4 完成

ロープの中間に輪を作る方法で、この輪にランタンなど小物をぶらさげる。

物干しロープを取りつける

トラッカーズ・ヒッチ／巻き結び（クローブ・ヒッチ）

1

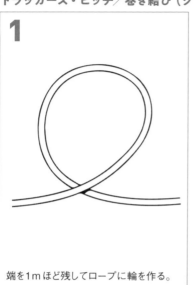

端を1mほど残してロープに輪を作る。

3

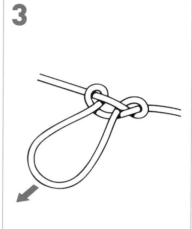

結び目をしめて「よろい結び」（→ P80）
を作る。

2

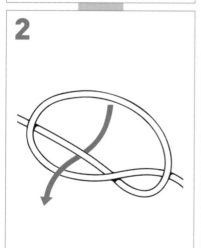

輪を主部に重ねて、輪の一方を
図のようにくぐらせる。

4

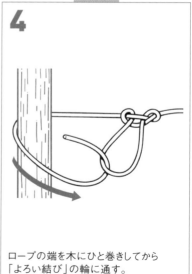

ロープの端を木にひと巻きしてから
「よろい結び」の輪に通す。

5

4とは逆側から端を
もう一度木にひと巻
きする。

7

巻きの最後は「巻き結び」
(→P76)でしっかりしめて
固定する。

6

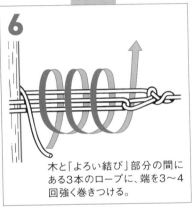

木と「よろい結び」部分の間に
ある3本のロープに、端を3〜4
回強く巻きつける。

8

完成。4の段階で端を元側に
結べば「トラッカーズ・ヒッチ」
になる。

9

完成

この結び方を使えば、シュラフなど重い物を干してもロープがたるみにくくなる。

角縛り（スクエア・ラッシング）

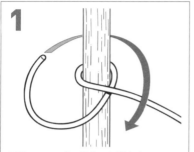

1

縦棒にロープの端をひと巻きする。
元側の下をくぐらせ、もうひと巻き。

2

端をふた巻き目の下に通す。

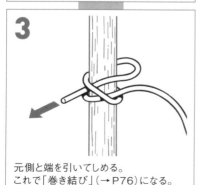

3

元側と端を引いてしめる。
これで「巻き結び」（→P76）になる。

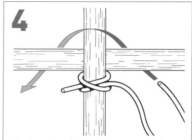

4

結び目の上に接するようにして、横棒を縦
棒の裏側へ直角につけ、横棒の右裏、縦
棒の上表、横棒の左裏の順に端を回す。

5

一度端を引いてしめる。
最初の結び目は90度ずれる。

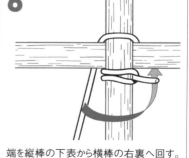

6

端を縦棒の下表から横棒の右裏へ回す。

7

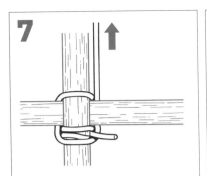

1回ごとに引きしめながら**4**と**6**の
手順を3回繰り返す。

10

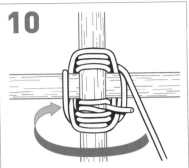

8と**9**の手順を3回繰り返したら、端を縦
棒の下表に回す。

8

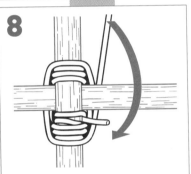

今度は、端を横棒の右表から
縦棒の下裏に回す。

11

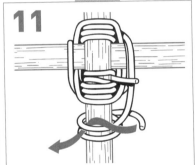

最後は縦棒の下部で「巻き結び」して
止める。

9

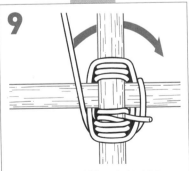

横棒の左表から縦棒の上裏、さらに
横棒の右表へと端を回してしめる。

12 完成

2本の木材を直角に交差させて縛る方
法だ。斜めに立てて脚として使う。

筋交い縛り（ダイアゴナル・ラッシング）

1

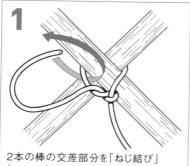

2本の棒の交差部分を「ねじ結び」
（→P37）でしめる。

4

巻いたらロープを前側から下に
回し、縦方向に巻き始める。

2

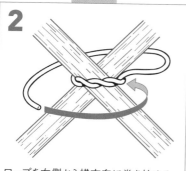

ロープを右側から横方向に巻き始める。

5

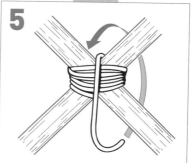

下、裏、上、表の順にロープを3回巻く。

3

1回ごとに引きしめながら、
横方向に5〜6回巻く。

6

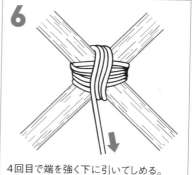

4回目で端を強く下に引いてしめる。

7

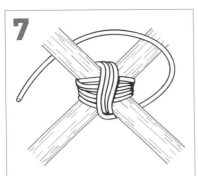

今度は右下の棒の裏、右上の棒の表、
左上の棒の裏の順にロープを回す。

10

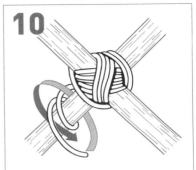

3回目でロープの端が前へきたら、
左下の棒に「ひと結び」(→P15)する。

8

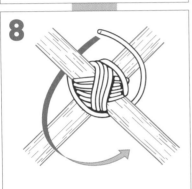

ロープを強くしめながら回していく。

11

10の「ひと結び」を利用して「巻き結び」
(→P76)を作り、強くしめる。

9

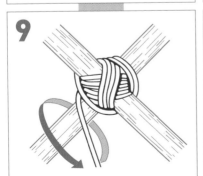

ロープが左下の棒の表にきたら、**7**に戻
り同じことを3回繰り返す。

12 完成

P63同様テーブルの土台になる。

巻き縛り

1

3本の長さが同じ木と、それらを立て掛ける作業台の丸太を用意する。

2

端を3本のうち1本の木にひと巻きし、輪の中を通す。

3

端を木にひと巻きした部分に巻きつけていく。

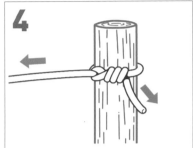

4

3回ほど巻いたら元側と端を引っ張りしっかりしめる。

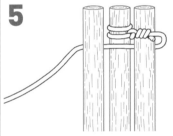

5

ロープを巻いた木を真ん中にして3本の木を並べ、ロープの元側を右の木の裏、真ん中の木の正面、左の木の裏に通す。

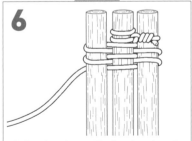

6

今度は左の木の正面、真ん中の木の裏、右の木の表を通す。ロープが互い違いになるよう**5**〜**6**を6〜7回ほど繰り返す。

7

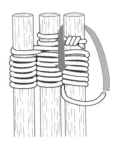

右と真ん中の木の間に端を通し、**5〜6**で巻いたロープに対して垂直に2回ほど巻きつける。

10

左の木に「巻き結び」(→P76)でロープを固定する。

8

左の木と真ん中の木の間も**7**と同様に2回ほど巻きつける。

11

完成

焚き火料理には欠かせないトライポッドを現地で手軽に作れる結び方だ。

9

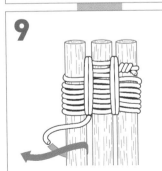

巻き終えたら端を左の木と真ん中の木の間に通し、左の木にひと巻きする。

12

木の足を3方向に開いて立てる。

床、テーブルを作る

床縛り

1

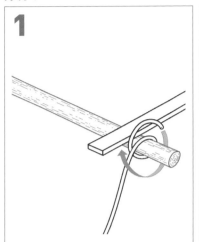

土台となる棒の端に「巻き結び」
(→P76)でロープを結ぶ。

3

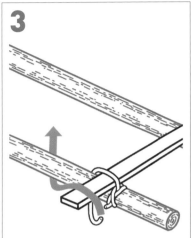

棒を巻き込むようにロープを手前に出し、
板の上に掛けて棒の下へ通す。

2

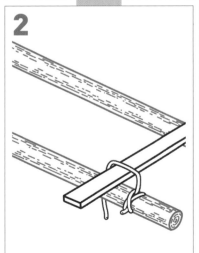

板を置き、ロープを上から掛ける。

4

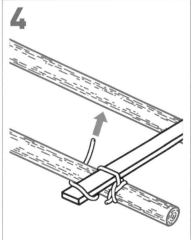

ロープの端を引っ張り、板と棒が緩まな
いようにする。

5

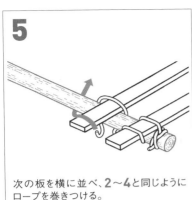

次の板を横に並べ、**2〜4**と同じように
ロープを巻きつける。

8

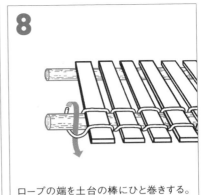

ロープの端を土台の棒にひと巻きする。

6

板と板の間に隙間ができないように縛る。

9

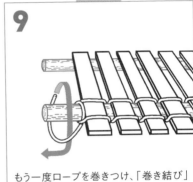

もう一度ロープを巻きつけ、「巻き結び」
する。

7

土台の端まで**1〜6**を繰り返し、板を固
定していく。

10

完成

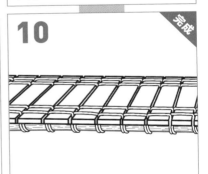

反対側も同様に土台と板を固定する。
脚をつければテーブルとして使える。

ブランコを作る

ステージ結び

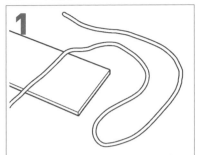

強度のある板と、10mほどのロープを2本用意して、まず1本目を掛けていく。

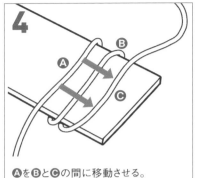

ⒶをⒷとⒸの間に移動させる。

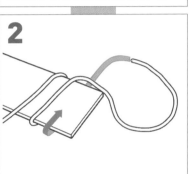

端を板の端に2回巻きつける。

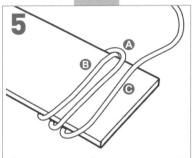

Ⓑが左側になり、Ⓐが真ん中に入れ替わる。

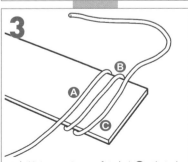

3本並んでいるロープの左をⒶ、真ん中をⒷ、右をⒸとする。

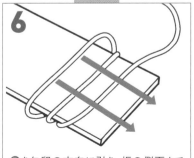

Ⓑを矢印の方向に引き、板の側面まで移動させる。

7

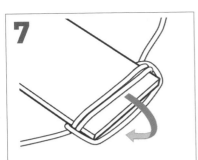

移動させた**B**をさらに板の裏側へ持っていく。

8

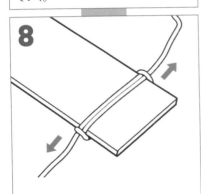

ロープの両端を引っ張り固定する。

9

元側のロープに輪を作り、その中へ端を通す。

10

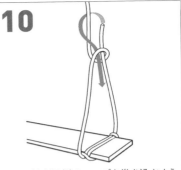

通した端を元側のロープを巻き込むようにして再び輪に通す。

11

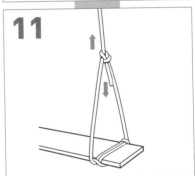

元側と通した端を引っ張り、結び目を固定する(→P36)。

12

完成

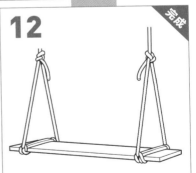

反対側も**1〜11**の手順でロープを固定する。園芸にも活用できる結びだ。

71

ハンモックの結びつけ方

1

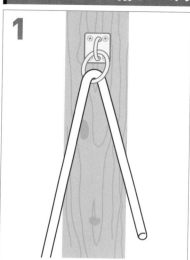

留め具の輪にロープを通し、端が40cmほど出るように折り返す。

2

元側のロープに端を2回巻きつける。

3

上にできた輪を巻き込むように1周させて、内側へ通す。

4

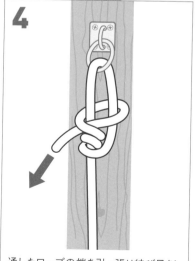

通したロープの端を引っ張り結び目をしめる。

5

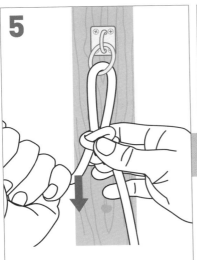

結び目を押さえながら、端を手前にきつく引っ張る。

6

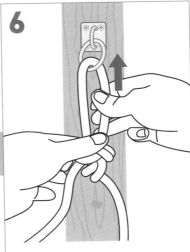

結び目の上を押さえながら、輪の右側を上に引っ張り形を整える。

完成

7

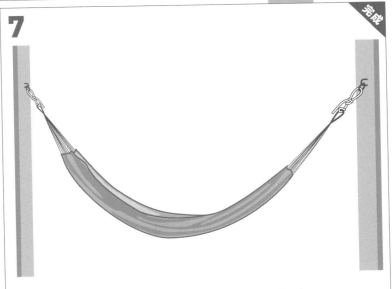

反対側も同様に結ぶ。結び目を動かすことで輪の大きさを調節できる。

キャンプ場で遊ぶ

キャンプファイアーや、キャンプ場をベースにしたトレッキングなどでもロープは活躍する。テントの張り綱よりもやや太目（直径10〜12mm程度）のものを用意したい。

キャンプファイアーのマキを運ぶ

ひばり結び（カウ・ヒッチ）／本結び（リーフ・ノット）

1

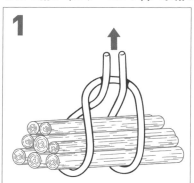

ロープをふたつ折りにしマキの束をのせ、両端をループに通す（ひばり結び）。

3

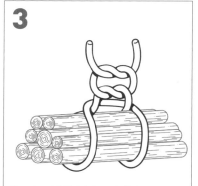

2の上で両端をもう一度巻きつけてしめる（本結び）。

2

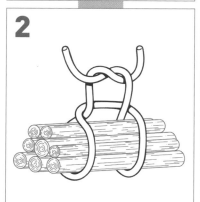

両端を一度巻きつける。

4

完成

「本結び」の部分を持ち手にすると、マキを運びやすい。

太い丸太を引っ張る

丸太結び（ログ・ヒッチ）

1

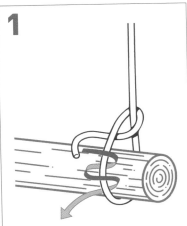

丸太の一方の端寄りにロープを
掛け、「ひと結び」（→P15）して
から端を2〜3回巻きつける。

3

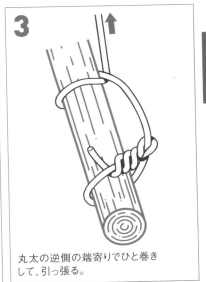

丸太の逆側の端寄りでひと巻き
して、引っ張る。

2

端を引いて軽くしめて「ねじ結び」
（→P37）にする。

4

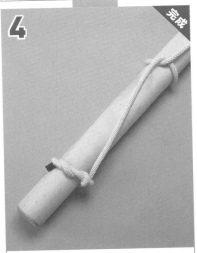

完成

「引き結び」ともいい、丸太が長い場合
は、**3**のひと巻きを2回行ってもいい。

巻き結び（クローブ・ヒッチ）

1

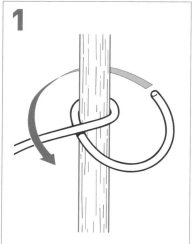

ロープを木に回し、元側の下に端を通したらもう一度端を木に回す。

3

端と元側を引いてしめる。

2

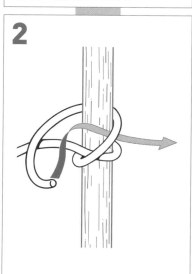

元側の上を通して2巻き目にくぐらせる。

4 完成

木のような丸いものにロープをつなぎ止めるための、応用範囲の広い結び方だ。

登坂ロープを木に縛る②

二重巻き結び（ダブル・クローブ・ヒッチ）

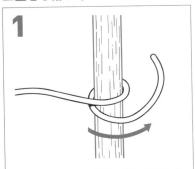

1

ロープを木に回し、元側の下に端を通す。

3

元側の上に巻くようにしめて、端をもう一度木に回す。

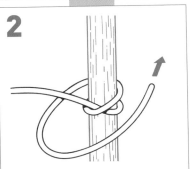

2

もう一度同じことを繰り返す。

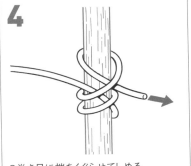

4

3巻き目に端をくぐらせてしめる。

5 完成

「巻き結び」（→P76）に比べ、巻きが1回ふえることで、結びの強度が増す。

77

二重8の字結び（ダブル・フィギュア・エイト・ノット）

1

ロープをふたつ折りにしてループ部を曲げ、元側に下から掛ける。

3

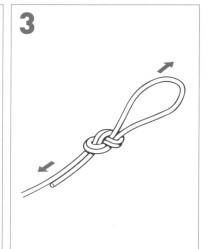

岩の大きさに合わせてループ部を引き出し、結び目をしめる。

2

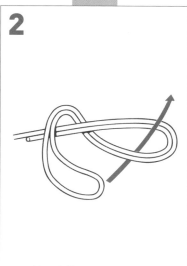

ループ部を先端の二重の輪に通す。

4　完成

輪を作って岩に掛ける方法だ。

登坂ロープを岩に縛る②

二重もやい結び（ダブル・ボーライン・ノット）

1

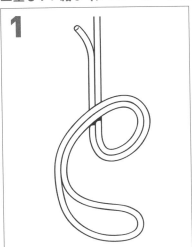

ロープをふたつ折りにし、
元側に小さな輪を作る。

2

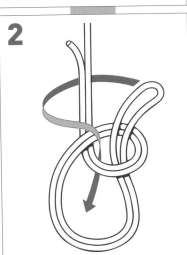

先端のループ部を輪に通し、元側の裏を
回してもう一度輪に通す。

3

二重の大きな輪が岩の大きさに
合うように、結び目をしめる。

4

完成

岩に引っかけるロープを2本にできる。

79

手掛かりの中間ループを作る①

よろい結び（ハーネス・ノット）

1

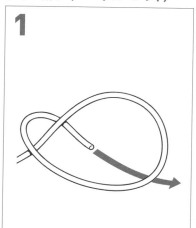

端を折り返してループを作り、
元側の上から戻す。

3

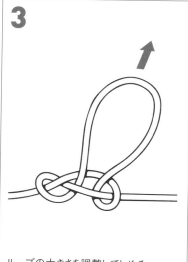

ループの大きさを調整してしめる。

2

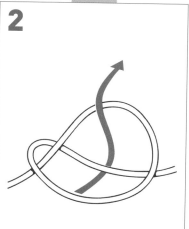

図のように輪の下部をすくって、
輪の上部へ引き抜く。

4 完成

P59のようにロープの中間に作った輪
からでも結べる。

手掛かりの中間ループを作る②

中間者結び（ミドルマン・ノット）

1

端側が元側の下で交差する輪と、上で交差する輪を作る。

3

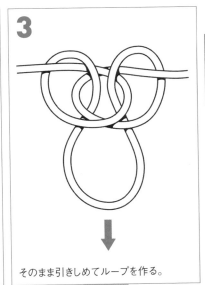

そのまま引きしめてループを作る。

2

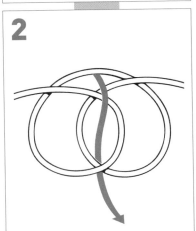

左の輪を右の輪に3分の1ほど重ね、輪の間のロープをつかんで重なった部分にくぐらせる。

4 完成

ロープを伸ばした状態のまま、必要な数のループを結ぶことができる。

バタフライ・ノット

1

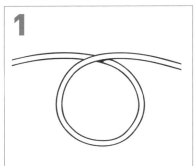

ロープの中間に輪を作る。

4

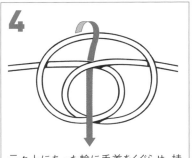

元々上にあった輪に手首をくぐらせ、持ち上げた下の輪をつかみ上の輪を通す。

2

2の輪と同じ方向にひねってもうひとつ下に輪を作る。

5

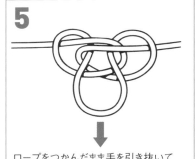

ロープをつかんだまま手を引き抜いて結び目をしめる。

3

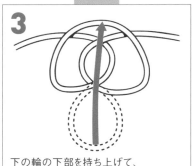

下の輪の下部を持ち上げて、上の輪に図のように重ねる。

6 完成

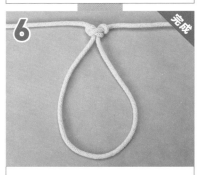

登山でよく使われる結び方だ。

ロープを体に掛ける

腰掛け結び（ボーライン・オン・ザ・バイト）

1

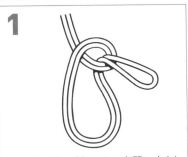

ロープをふたつ折りにして中間に小さな輪を作り、先端のループをその輪に通す。

4

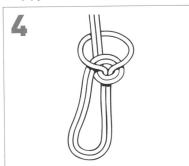

手を通していた輪を上に持ち上げる。

2

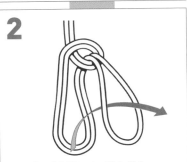

ループに手を通して二重の輪をまとめてつかんでループを通す。

5

輪の大きさを調節して引きしめる。

3

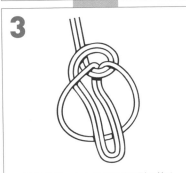

二重の輪をつかんだまま手を引き抜く。

6

完成

体に掛けるほか、避難用にも適している。

83

小道具にひもをつける①

ひばり結び（カウ・ヒッチ）

1

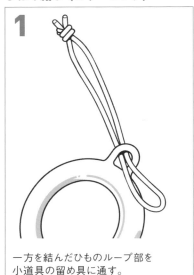

一方を結んだひものループ部を
小道具の留め具に通す。

3

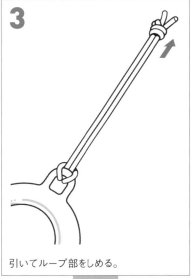

引いてループ部をしめる。

2

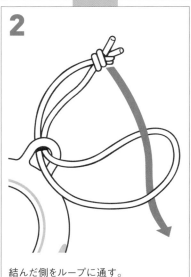

結んだ側をループに通す。

4

ループで結ぶもっとも簡単な方法だ。

小道具にひもをつける②

止め結び（オーバー・ハンド・ノット）

1

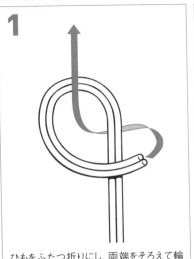

ひもをふたつ折りにし、両端をそろえて輪を作り、端を後ろから輪に通す。

3

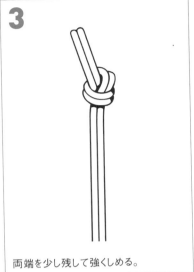

両端を少し残して強くしめる。

2

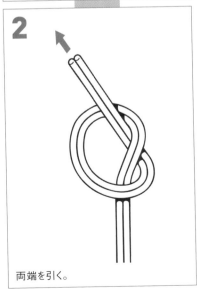

両端を引く。

4 完成

P84の両端の固定にこの結び方を使う。

ザックを引き上げる

もやい結び（ボーライン・ノット）

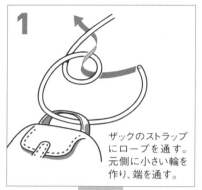

1 ザックのストラップにロープを通す。元側に小さい輪を作り、端を通す。

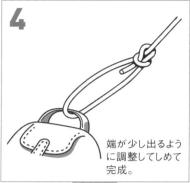

4 端が少し出るように調整してしめて完成。

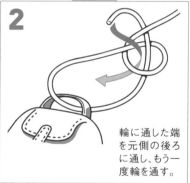

2 輪に通した端を元側の後ろに通し、もう一度輪を通す。

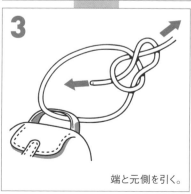

3 端と元側を引く。

完成

ロープの先端に輪を作る基本的な結び方で、様々な用途に応用できる。

長尺物を引き上げる

丸太結び（ログ・ヒッチ）

1

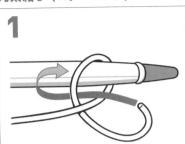

引き上げたい物の一方に「ひと結び」（→P15）し、輪に端をくぐらせる。

3

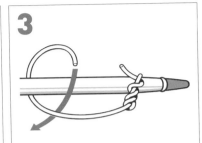

「ねじ結び」（→P37）にし、元側を左へ伸ばす。

2

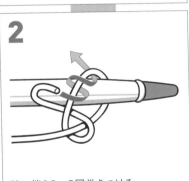

輪に端を2〜3回巻きつける。

4

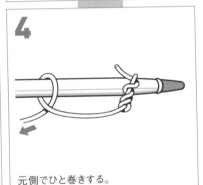

元側でひと巻きする。

5 完成

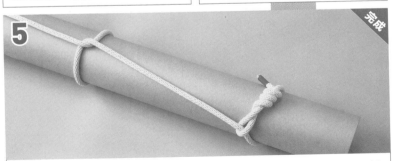

長尺物の一方から3分の1あたりに「ねじ結び」、反対側3分の1にひと巻きすれば安定して引き上げることができる。

てこ結び（ボート・ノット）

1

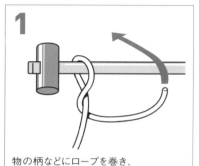

物の柄などにロープを巻き、
元側の後ろを通して戻す。

2

巻きを少しゆるめてひねり、
小さい輪を作る。

3

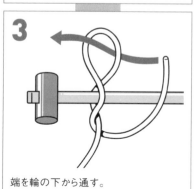

端を輪の下から通す。

4

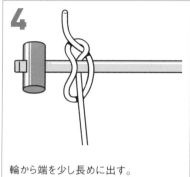

輪から端を少し長めに出す。

5

元側を強く引いてしめる。

6 完成

ピッケルやハンマーなど柄の細い物を吊
り上げるときに適している。

水汲みバケツにひもをつける

ふた結び（ツー・ハーフ・ヒッチ）

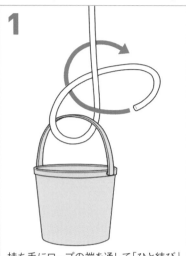

1

持ち手にロープの端を通して「ひと結び」
（→P15）する。

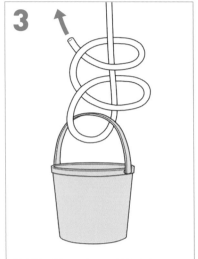

3

端を引っ張って、しっかりとしめる。

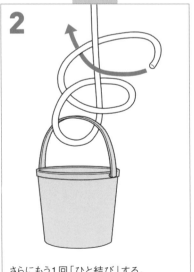

2

さらにもう1回「ひと結び」する。

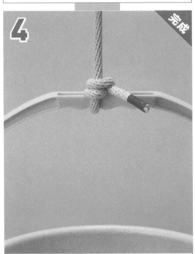

4 完成

結び目がずれないように持ち手にしっか
りと固定する。

ロープをブレスレットにして携帯する

平編み

1

2mほどのパラコードを半分に折ってバックルに通し、両端をループ部に通す。

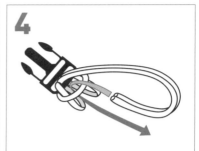

4

通した2本の端を、**1**で通した輪にもう一度通す。

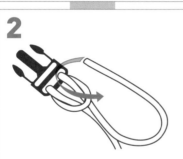

2

右側の端を、バックルに通しているコードの間へ通す。

5

両端を引っ張り、バックルの結び目を整える。

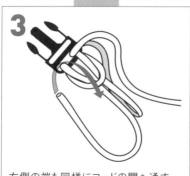

3

左側の端も同様にコードの間へ通す。

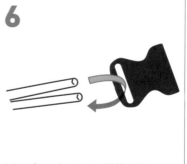

6

もう一方のバックルに、両端を通す。

7

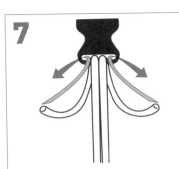

バックルに通したコードの両側の隙間に、それぞれ端をもう一度通す。

10

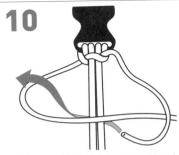

左側のコードを輪ができるように軸の上に置き、右側のコードを下から上に輪へ通してしめる。

8

この状態のコードの軸の長さがブレスレットの全長になるので、任意の長さに調節する。

11

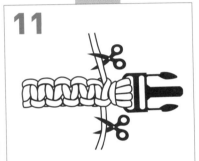

9と10を反対側のバックルまで繰り返し、余分なコードをカットする。

9

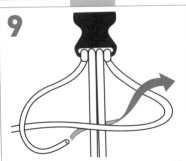

7の右側のコードを輪ができるように軸の上に置き、左側のコードを下から上に輪へ通してしめる。

12

完成

靴ひもが切れてしまったときなどに、コードをほどいて代用できる。

91

カラビナと組み合わせたロープワーク①

ガルダーヒッチ

1

2つのカラビナを同じ方向にそろえて上側にロープを通す。

2

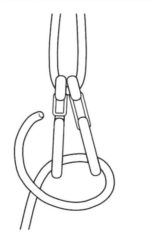

カラビナの下側にも同様にロープを通す。

3

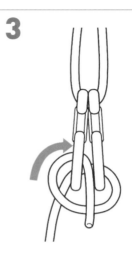

左側のカラビナにもう一度端を通し、さらにカラビナとカラビナの間に通す。

4 完成

3でカラビナの間を通した端は引っ張って調節することができる。元側のロープは引っ張っても動かない。

カラビナと組み合わせたロープワーク②

巻き結び（クローブ・ヒッチ）

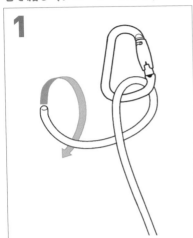

1

カラビナにロープをひと巻きして、外側にひとつ輪を作る。

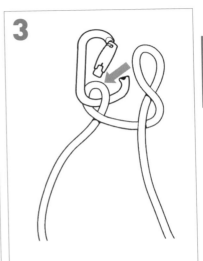

3

カラビナを開けて、輪をカラビナへ通す。

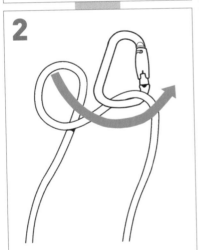

2

輪の向きを維持したまま、カラビナの開口部側へ持っていく。

4 完成

簡単かつ強度の高い結びで、非常に汎用性が高い。

カラビナと組み合わせたロープワーク③

半マスト結び（イタリアンヒッチ）

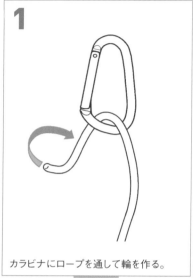

1

カラビナにロープを通して輪を作る。

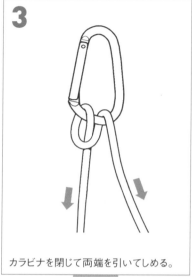

3

カラビナを閉じて両端を引いてしめる。

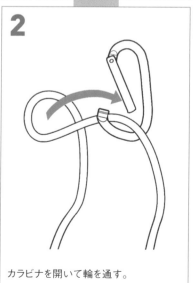

2

カラビナを開いて輪を通す。

4 完成

緊急時に役に立つ結び方だ。

カラビナと組み合わせたロープワーク④

ブルヒッチ

1

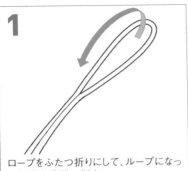

ロープをふたつ折りにして、ループになった部分を手前へ倒す。

4

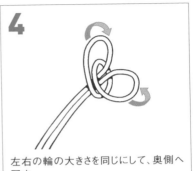

左右の輪の大きさを同じにして、奥側へ回す。

2

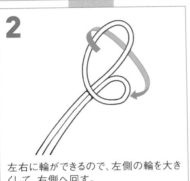

左右に輪ができるので、左側の輪を大きくして、右側へ回す。

5

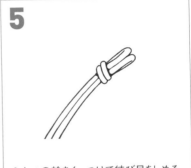

ふたつの輪をくっつけて結び目をしめる。

3

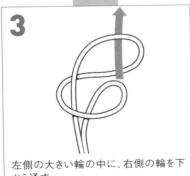

左側の大きい輪の中に、右側の輪を下から通す。

6

完成

そろえた輪の中にカラビナを通す。強度が高く緩みにくい結びだ。

引き解け結び（スリップ・ノット）

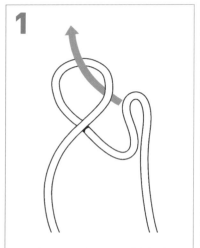

ロープをふたつ折りにし、端側に輪を、元側にループをひとつずつ作る。

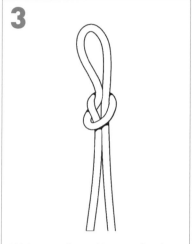

端側のループと、元側のロープを引いてしめる。

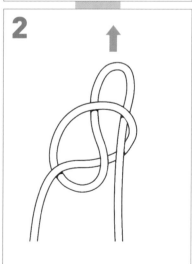

元側のループを、端側の輪の中に通す。

完成

簡単に輪が作れて、輪の大きさを自在に変えることができる結び方だ。

96

パート**3**

釣りで使う
ロープワーク

釣りで使う ロープワークのポイント

　釣りで使うロープワークとは、いわゆる「仕掛け作り」のことだ。多くの方法があるが、ここでは釣り糸どうしをつなぐ、チチワを作る、針にハリスをつける、ヨリモドシなどの連結具に糸を結ぶ、ルアーをつけるなどから比較的簡単にできる結び方をピックアップして紹介する。

ユニノット
オルブライト・ノット

内掛け結び
外掛け結び

直結び

二重8の字結び

仕掛け作りでもっともたいせつなポイントは「結びの正確さ」だ。ほかのロープワークでも正確さはもちろん必要だが、釣りの場合は細くて滑りやすい糸を水中で使うという特殊な条件がつくので、正確さの重要性はより大きくなる。いいかげんな結び方をしていると簡単にほどけてしまうし、たとえほどけなくても不正確な結び方や用途に合わない結び方が原因で糸が切れるというケースもよくあるのだ。

　「正確に結ぶ」には、知識の幅を広げるよりもひとつの結び方を徹底的に練習したほうがいい。糸と糸をつなぐ、針にハリスをつけるなど用途別に1種類ずつ結び方をマスターすれば仕掛けは作れる。手が自然に動いて正しく結べるようになってから、同じ用途の新しい結び方を覚えていけばいいのだ。

フリー・ノット
クリンチ・ノット

01 糸どうしを つなぐ

糸どうしをつなぐほか、チチワや枝ハリスの出し方も説明する。摩擦が少ないので、強固に結ぶには巻き数を多くして糸の接触面積を広げる結び方になる。

チチワを作る

二重8の字結び（ダブル・フィギュア・エイト・ノット）

1 糸の端をふたつ折りにして、二重の輪を作る。

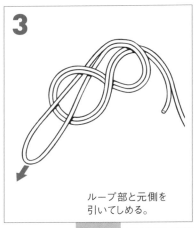

3 ループ部と元側を引いてしめる。

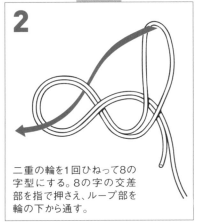

2 二重の輪を1回ひねって8の字型にする。8の字の交差部を指で押さえ、ループ部を輪の下から通す。

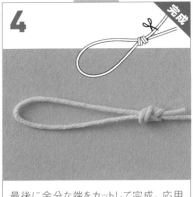

4 完成

最後に余分な端をカットして完成。応用範囲の広い基本の結び方。

糸と糸を結ぶ

電車結び（ユニ・ノット）

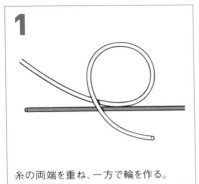

1

糸の両端を重ね、一方で輪を作る。

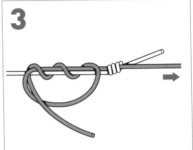

3

1〜2の手順をもう一方の糸でも行う。

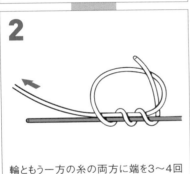

2

輪ともう一方の糸の両方に端を3〜4回巻きつけてから輪をしめる。

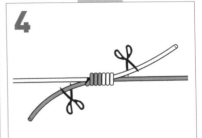

4

両方の元側を左右に引いてふたつの結び目をくっつけ、余分な端をカットする。

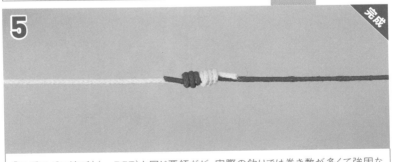

5

完成

「二重テグス結び」（→ P57）と同じ要領だが、実際の釣りでは巻き数が多くて強固なこの結び方が使われる。

太さや素材の違う糸をつなぐ

オルブライト・ノット

1

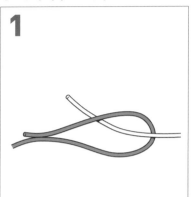

太い方の糸の端をふたつ折りにし、ループ部に細い糸を通す。

3

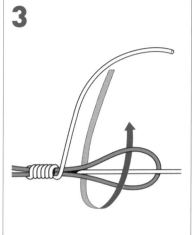

ループ部の元側に7〜8回巻きつけ、細い糸の端をループ部に通す。

2

細い糸の端を太い糸のふたつ折り部分に巻いていく。

4

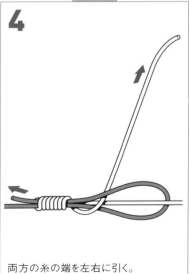

両方の糸の端を左右に引く。

5

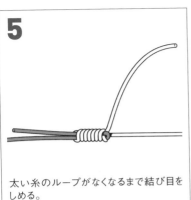

太い糸のループがなくなるまで結び目をしめる。

7

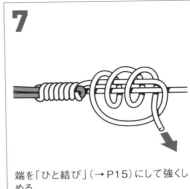
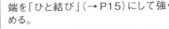

端を「ひと結び」(→P15)にして強くしめる。

6

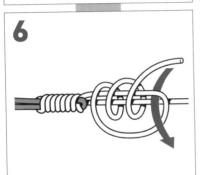

細い糸の余っている端を折り返して、元側といっしょに2〜3回巻く。

8

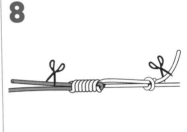

両方の糸の余分な端をカットする。

9

完成

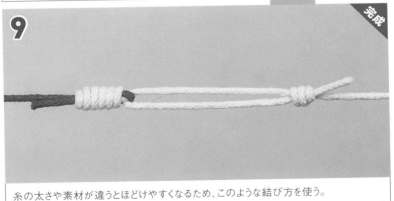

糸の太さや素材が違うとほどけやすくなるため、このような結び方を使う。

枝ハリスを出す

直結び

1

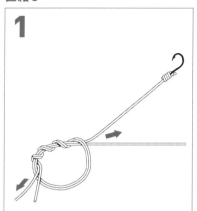

幹のハリスと枝ハリスを重ねて輪を作り、端を輪に2〜3回巻く。針が竿先方向に出るように枝ハリスを重ねるのがポイント。

3

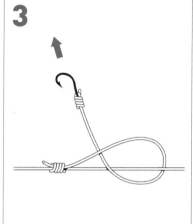

枝ハリスを幹のハリスに「ひと結び」（→P15）してしめる。

2

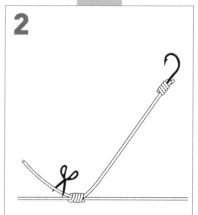

輪をしめて結び、枝ハリスの余分な端をカットする。

4

完成

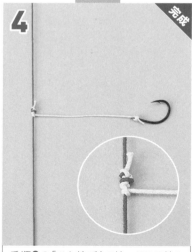

手順**3**の「ひと結び」で枝ハリスは幹から直角に出る。

ヨリチチワを作って枝ハリスを結ぶ

ヨリチチワ結び

1

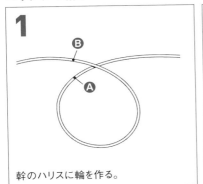

幹のハリスに輪を作る。

4

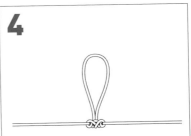

両端を引いて結び目をしめ、
チチワにする。

2

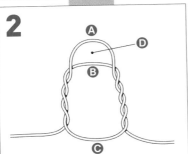

Ⓐの部分にⒷを4〜5回巻きつけ、Ⓐの
真ん中あたりを引き出す。

5

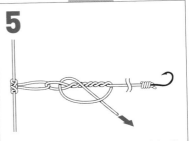

チチワに枝ハリスを通し、端を元側に数
回巻きつけてからチチワ側の輪をくぐら
せて結ぶ。

3

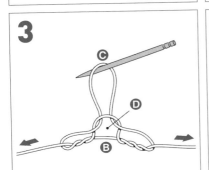

Ⓒの部分をⒹの輪にくぐらせる。

6

完成

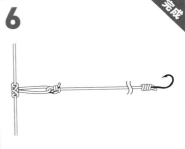

枝ハリスのみを外せるので仕掛けの交
換などがしやすい。

02 糸に釣り具を取りつける

ルアーや仕掛けなど釣り具と糸を結ぶのは釣り人にとって欠かせない作業になる。
また針も結べるようになれば、既製品を買うよりずっと安上がりだ。

針にハリスを結ぶ①

内掛け結び

1

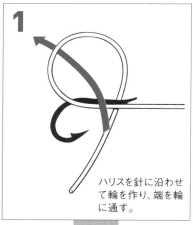

ハリスを針に沿わせて輪を作り、端を輪に通す。

3

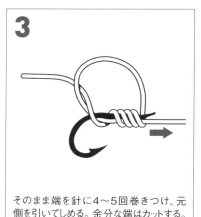

そのまま端を針に4〜5回巻きつけ、元側を引いてしめる。余分な端はカットする。

2

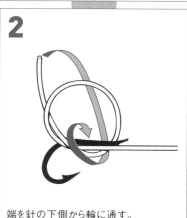

端を針の下側から輪に通す。

4 完成

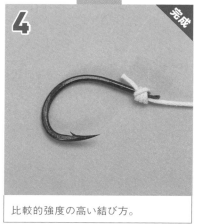

比較的強度の高い結び方。

針にハリスを結ぶ②

外掛け結び

1

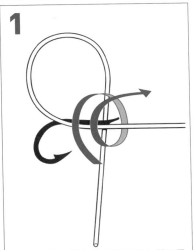

ハリスを針に沿わせて輪を作り、端を元側と針に巻きつける。

2

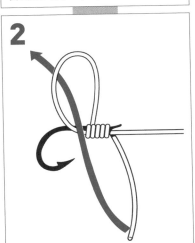

ハリスの元側が針の軸の内側に沿うようにしながら、端を4〜5回巻きつけた端を輪に通す。

3

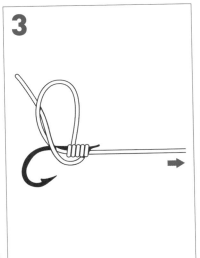

元側を引いてしめ、余分な端をカットする。

4 完成

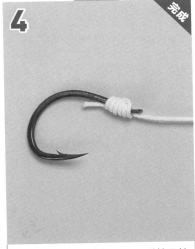

素早く結べる結び方。ハリスが針の軸の内側に沿って出るのが正しい形だ。

107

連結具を結ぶ①

ひばり結び（カウ・ヒッチ）

1 糸をふたつ折りにして
チチワを作る（→P100）。

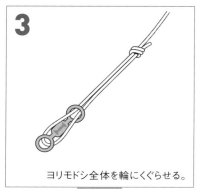

3 ヨリモドシ全体を輪にくぐらせる。

2 チチワをヨリモドシの環に通す。

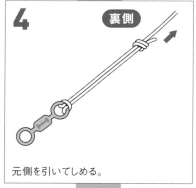

4 （裏側）

元側を引いてしめる。

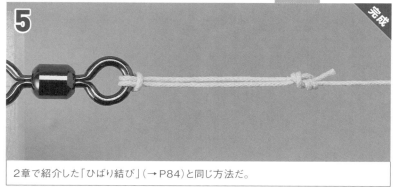

5 完成

2章で紹介した「ひばり結び」（→P84）と同じ方法だ。

連結具を結ぶ②

1 ヨリモドシの環に糸を通す。

2

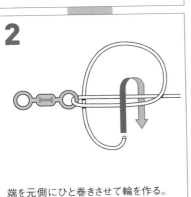

端を元側にひと巻きさせて輪を作る。

3

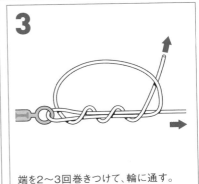

端を2〜3回巻きつけて、輪に通す。

4

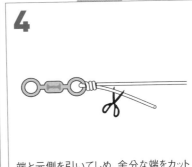

端と元側を引いてしめ、余分な端をカットして完成。

5 完成

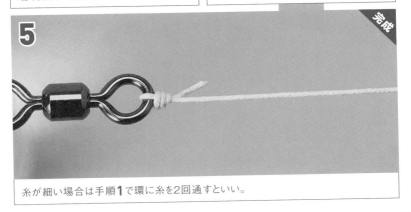

糸が細い場合は手順**1**で環に糸を2回通すといい。

109

スプールに道糸を結ぶ

1

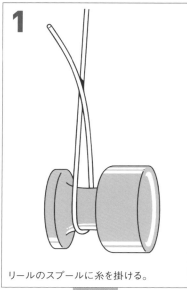

リールのスプールに糸を掛ける。

3

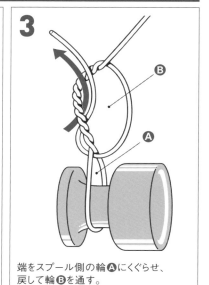

端をスプール側の輪❹にくぐらせ、戻して輪❸を通す。

2

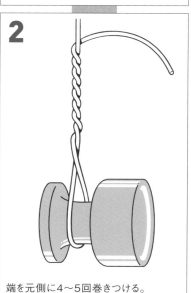

端を元側に4〜5回巻きつける。

4 完成

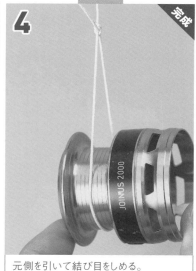

元側を引いて結び目をしめる。
余分な端をカットして完成。

ルアーをつける①

フリー・ノット

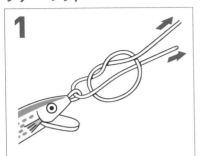

1 「止め結び」(→P85)した糸をルアーに通し、端を結び目にくぐらせる。

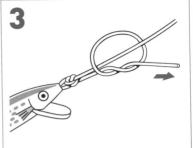

3 端で元側にもう一度「止め結び」をする。

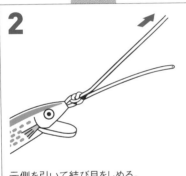

2 元側を引いて結び目をしめる。

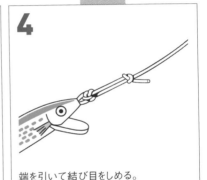

4 端を引いて結び目をしめる。

5 完成

ルアーをややソフトにコントロールするための結び方だ。

サルカン結び（クリンチ・ノット）

1

ルアーに糸を通し、端を元側に5〜6回巻きつける。

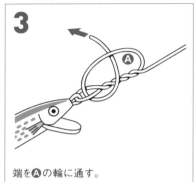

3

端をⒶの輪に通す。

2

端を戻してルアー側のひとつ目の輪に通す。

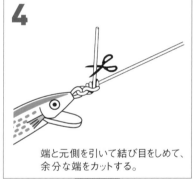

4

端と元側を引いて結び目をしめて、余分な端をカットする。

5

完成

ロッドやラインの動きをルアーにストレートに伝える結び方だ。

パート **4**

⚓

船で使う
ロープワーク

船で使う
ロープワークのポイント

ロープワークにはアウトドアでの必要性から考案されて普及してきた結び方が多く、ヨットや船での作業から生まれた方法も少なくない。「船をもやう」からきた「もやい結び」はいうまでもなく、「リーフ・ノット(リーフは帆の部分)」、「マリンスパイク・ヒッチ」(てこ結び)、「クリート・ヒッチ」など、ヨットに由来する名称のついた結び方もたくさんあるのだ。ここでは、船で使用するロープワークのいくつかを岸壁と船上に分けて紹介する。

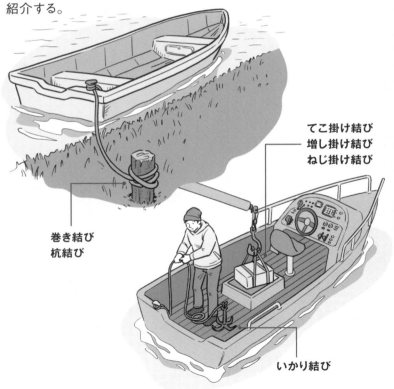

てこ掛け結び
増し掛け結び
ねじ掛け結び

巻き結び
杭結び

いかり結び

もやいつなぎ
引き解き一重つぎ

　船でのロープワークでたいせつなポイントは「作業の早さ」だろう。ヨットでのセーリング中は当然として、プレジャーボートでも手早くしかも確実に結べることのメリットは大きい。ヨットのようにロープを多用することはないが、岸壁に飛び移って係船する場合だけを例にとっても、もたもたしてはいられない。また、結び目が濡れる可能性も常に想定しておいたほうがいい。

　使用するロープはキャンプなどよりも太くなる。材質の選択もふくめて、購入する場合はマリンショップなどで専門家のアドバイスを受けるべきだ。

岸壁で使う

必ずしなければならない係船。フックを利用する荷物の上げ下ろし、いかりの取りつけなどに使う結び方を紹介する。

杭に素早く係船する①

巻き結び（クローブ・ヒッチ）

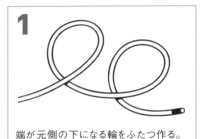

1 端が元側の下になる輪をふたつ作る。

4 端を強く引く。

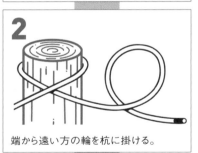

2 端から遠い方の輪を杭に掛ける。

5 P76と同じだが、杭の場合は上から輪を重ねて簡単に結べる。

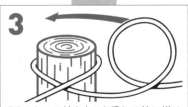

3 もうひとつの輪を上から重ねて杭に掛ける。最初から輪をふたつにせず、この時点で2個目の輪を作ってもいい。

完成

強固だが、結び目が濡れるとほどきにくくなる。

杭結び（パイル・ヒッチ）

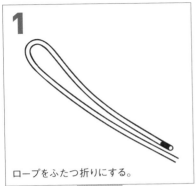

1 ロープをふたつ折りにする。

2 二重のまま杭に1回巻きつけループ部を元側の下に出す。

3 ループ部を広げて杭の上からかぶせる。

4 元側を引く。

5 完成

非常に簡単で安定した結び方だ。

船

いかり結び（アンカー・ベンド）

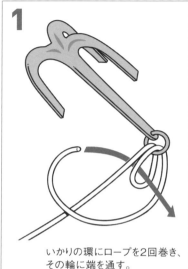

いかりの環にロープを2回巻き、
その輪に端を通す。

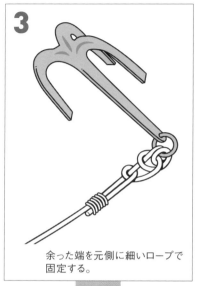

余った端を元側に細いロープで
固定する。

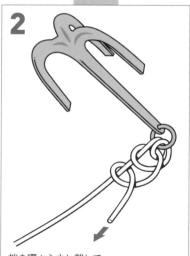

端を環から少し離して
「ひと結び」（→P15）する。

完成

余った部分は針金で固定してもいい。

118

軽い荷物をフックに掛ける①

てこ掛け結び

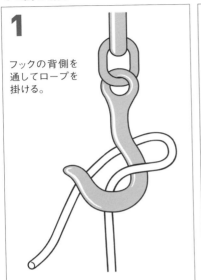

1 フックの背側を通してロープを掛ける。

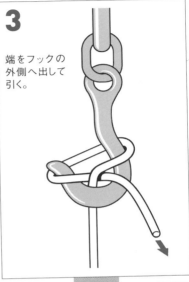

3 端をフックの外側へ出して引く。

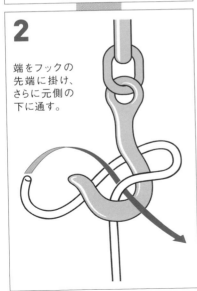

2 端をフックの先端に掛け、さらに元側の下に通す。

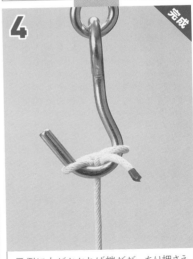

4 完成

元側に力がかかれば端ががっちり押さえられる。

軽い荷物をフックに掛ける②

増し掛け結び

1

フックにロープを一度巻き、端をフックの前に出す。

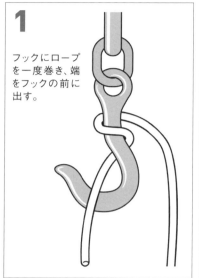

3

元側を引いてしめる。

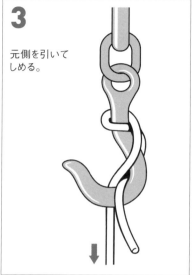

2

ロープがフックの背側で交差するように元側も前に出し、フックの先端で端ともう一度交差させる。

4

完成

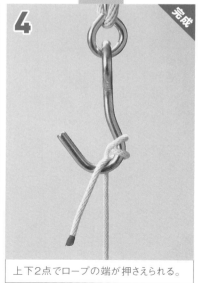

上下2点でロープの端が押さえられる。

重い荷物をフックに掛ける

ねじ掛け結び（キャッツ・ポー）

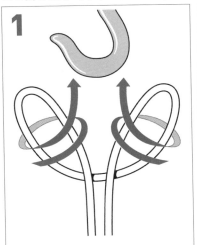

ロープをふたつ折りにし、ループ部を反転させる。ふたつできた輪を2回ずつねじる。

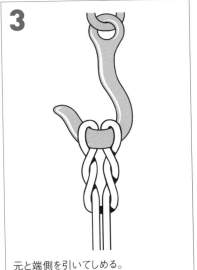

元と端側を引いてしめる。

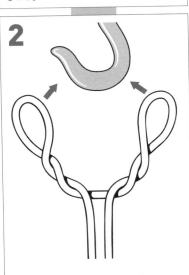

輪の先端をそろえてフックに掛ける。

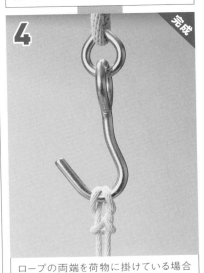

ロープの両端を荷物に掛けている場合に使う。

命綱結び

1

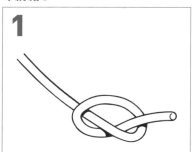

端に「止め結び」（→P85）で小さいコブ
を作る。

2

端側が上にくる輪を2個
作り、最後に端側が下に
くる輪を作る。

3

端をすべての輪に通す。

4

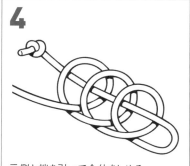

元側と端を引いて全体をしめる。

5

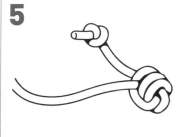

コブを大きくしたければ、**2**の輪をふやせ
ばいい。

6

完成

人命救助のロープなどをとっさに投げる
ときに役立つ結び方だ。

ロープを投げる②

投げ綱結び (ヒービング・ライン・ノット)

1

ロープをふたつ折りにし、端を元側にひと巻きする。

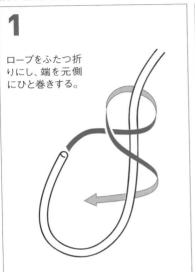

3

5〜6回巻いたら、ループ部に端をくぐらせて全体をしめる。

2

同じ向きに端を巻きつけていく。

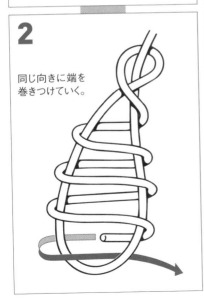

4

完成

「命綱結び」(→P122)より簡単に大きなコブができる。

02 船の中で使う

ヨットなどでは欠かせないクリートへの結び、曳航に役立つロープのつなぎ方を紹介する。

クリートにロープを巻きつける

クリート・ヒッチ

1 クリートにロープをひと巻きし、元側の上から戻す。

3 逆側の突起に掛けてから端を元側の下に通し、強く引いてしめる。

2 突起に掛けて、元側と交差するように返す。

4 完成

クリートにすばやくロープを固定するための結び方だ。

もやいつなぎ（ツー・ボーライン・ノット）

1

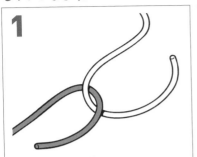

2本のロープを交差させて、
それぞれ折り返す。

4

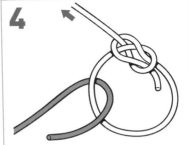

元と端を引いて「もやい結び」（→P86）
にする。

2

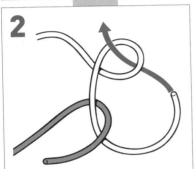

一方の元側に輪を作り、端を通す。

5

もう一方のロープも同じ
手順で「もやい結び」に。

3

端を元側に
ひと巻きし、
もう一度輪
に通す。

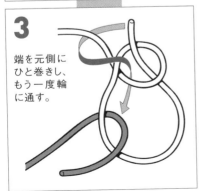

6 完成

太いロープをつなぐときに、とくに有効な
結び方だ。

船

一時的なつなぎ方

引き解け一重つぎ（スリップト・シート・ベンド）

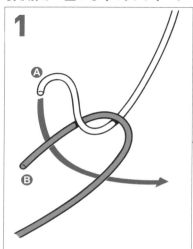

1

ⒶのロープをⒷのループに通し、図のようにループの下をくぐらせる。

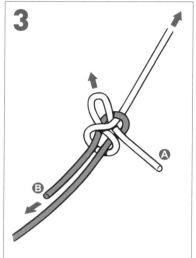

3

3方を引いて結び目をしめる。

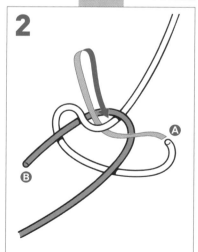

2

端を最初の交差部に通し、ループを作って戻す。

4 完成

Ⓐの端を引けば簡単にほどくことができる。

126

カヌーの牽引

もやい結び（ボーライン・ノット）

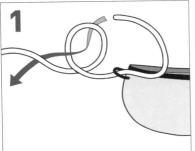

1

カヌーの持ち手に下からロープを通し、元側に輪を作って、端をその中に通す。

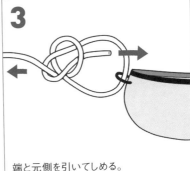

3

端と元側を引いてしめる。

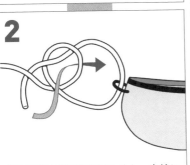

2

端を元側の後ろに通して、もう一度輪に通す。

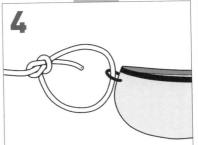

4

しっかりと結び目をしめて「もやい結び」（→P86）が完成。

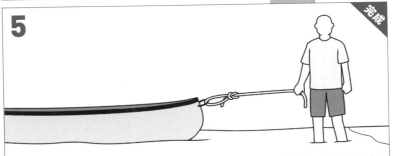

5

完成

ロープを引くことでカヌーを移動させる。もう一方を別のカヌーや船につなげば牽引できる。

スローバッグの固定

二重8の字結び（ダブル・フィギュア・エイト・ノット）

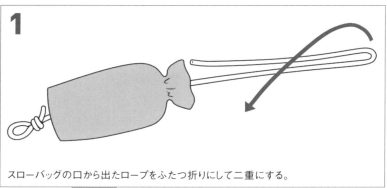

1

スローバッグの口から出たロープをふたつ折りにして二重にする。

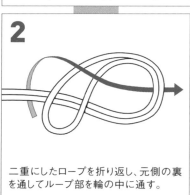

2

二重にしたロープを折り返し、元側の裏を通してループ部を輪の中に通す。

4

先端にカラビナを取りつける。

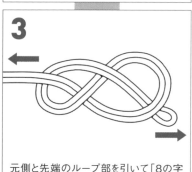

3

元側と先端のループ部を引いて「8の字結び」（→P40）をする。

5 完成

カヌーの取手などに取りつけておく。カラビナをそのまま取りつけても、ループを作るように通して取りつけてもよい。

パート **5**

荷造りで使う ロープワーク

荷造りで使う
ロープワークのポイント

キャンプや釣り、船などこれまで紹介してきたロープワークの多くは「結び目」をどう作るかが最大のポイントだった。目的に応じた結び目を正確に作れればいいということだ。ところが、このパートで紹介する荷造りのためのロープワークは少し違う。

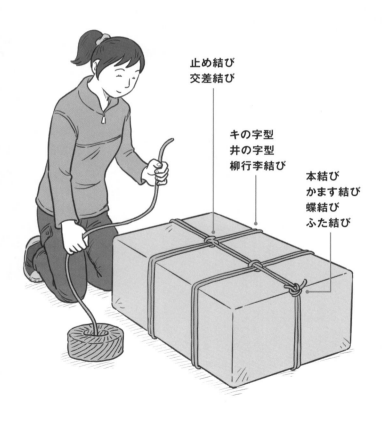

止め結び
交差結び

キの字型
井の字型
柳行李結び

本結び
かます結び
蝶結び
ふた結び

もちろん末端をどう結ぶかも重要だが、いくら末端をしっかり結んで
も途中がユルユルだと荷造りの意味をなさない。ロープやひもが荷物
にしっかりとかかった状態をくずしてはいけないのだ。そこでたいせつになっ
てくるのが始端止めだ。荷造りの始めにこれをやるとやらないのとでは、
作業のスムーズさや仕上がりに大きな差がついてしまう。同じようにロー
プ交差部の処理も「しっかり縛る」ためのポイントになる。

　ここでは、荷物へのロープの掛け方、変形荷物の縛り方、トラックへ
の荷積みなどを紹介していく。使用するロープやひもの太さは荷物に
よって違うが、やわらかい素材のほうが縛りやすく、太いロープ1本より
も細いロープを二重三重に掛けたほうが確実だということを覚えてお
こう。

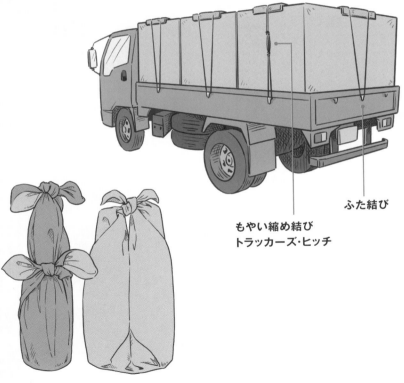

ふた結び

もやい縮め結び
トラッカーズ・ヒッチ

ビン1本包み　　**ビン2本包み**

01 荷物を縛る

始端止め、末端の結び方、ひもの掛け方など。日常的にロープを使用しての荷造りはあまりないが、覚えておいて損はない。

始端の止め方①

1

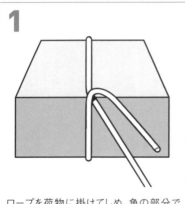

ロープを荷物に掛けてしめ、角の部分で端を元側に掛ける。

3

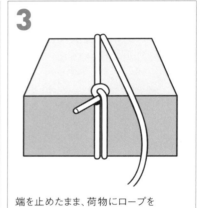

端を止めたまま、荷物にロープを掛けていく。

2

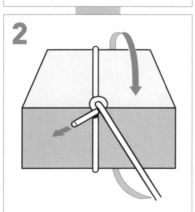

端をひと巻きして強く引き、元側を荷物にもう一度巻く。

4 完成

端が元側で押さえられるのでゆるむことはない。

始端の止め方②

1

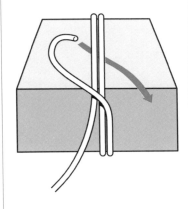

荷物にロープを2回巻き、2回目で端を
元側の下に通す。

2

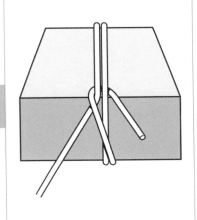

端と元側を強く引いてしめる。

3

荷物の角を利用するのがコツだ。

末端の結び方①

本結び（リーフ・ノット）

1

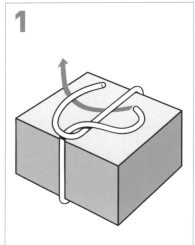

一方の端をもう一方の上から
下へ通すように巻きつける。

3

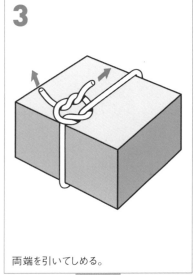

両端を引いてしめる。

2

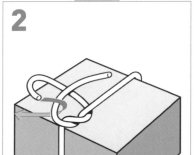

同じ端をもう一度もう一方に巻きつける。

4 完成

あまり強固な結び方ではないので、結び
目をしめた後、両端を元側にそれぞれ「ひ
と結び」（→P15）してもいい。

末端の結び方②

片解き本結び（スリップト・リーフ・ノット）

1

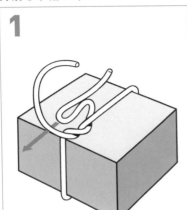

一方の端をもう一方の上から下へ通し、折り曲げて小さなループを作る。

2

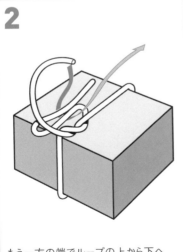

もう一方の端でループの上から下へひと巻きする。

3

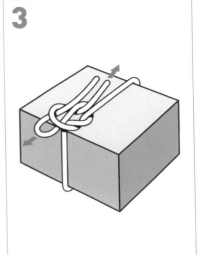

ループと端を引いてしめる

4 完成

「片はな結び」ともいい、ループの端を引けば簡単にほどける。

蝶結び（ボウ・ノット）

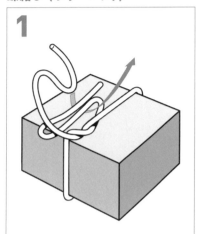

1

「片解き本結び」（→P135）と同じ手順でループを作り、もう一方の端もループにして上から通す。

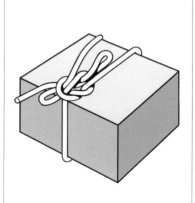

2

「本結び」（→P134）の2回目の結び目をふたつのループで作る。

3

両端のループを引いてしめる。

4 完成

「はな結び」とも呼ばれる。装飾的に使う結び方なので、しっかり結びたい場合は不向きだ。

垣根結び

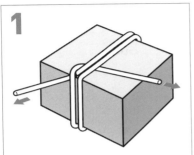

1

P133の「始端止め②」の要領で
両端を交差させる。

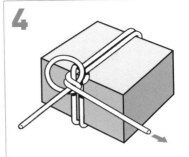

4

輪を通した端を引く。

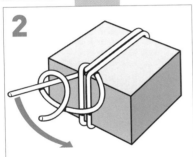

2

一方の端で輪を作り、もう一方の端を輪
に通す。通した端は輪の下へ。

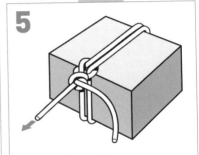

5

もう一方の端も強く引いて
結び目をしめる。

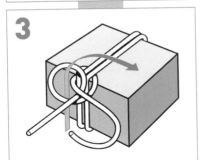

3

もう一度下から上へ輪を通す。

6 完成

両端をしっかり引きながら結ぶとがっちり
とした結び目になる。

荷造り

137

かます結び

1

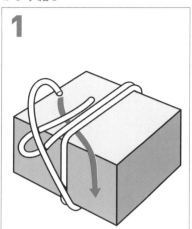

端をふたつ折りにしてループにし、
もう一方の端をくぐらせる。

3

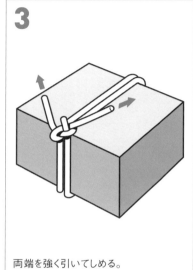

両端を強く引いてしめる。

2

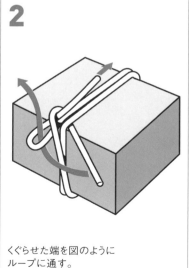

くぐらせた端を図のように
ループに通す。

4 完成

強固な結び方。
荷物の角で結ぶのが鉄則だ。

ふた結び（ツー・ハーフ・ヒッチ）

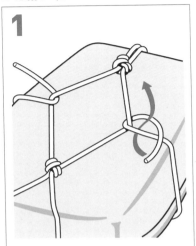

1

端を荷物に掛けたロープに通して
「ひと結び」（→P15）する。

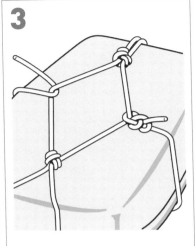

3

端を引いて結び目をしめる。

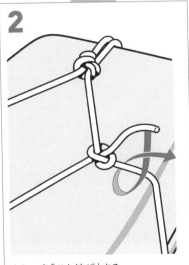

2

もう一度「ひと結び」する。

4 完成

一方の端だけで末端を止めるのに使う。

荷造り

139

巻き結び（クローブ・ヒッチ）

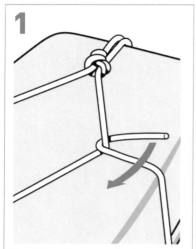

端を荷物に掛けたロープの上から
ひと巻きする。

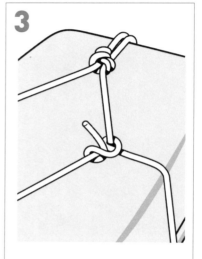

端を強く引いて結び目をしめる。

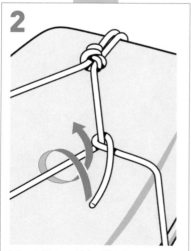

もうひと巻きし、端を2巻き目の
内側へ通す。

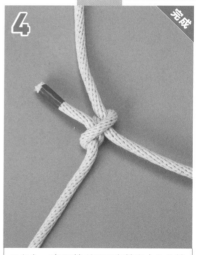

これも一方の端だけで末端を止める結
び方だ。

返し結び（バックハンド・ヒッチ）／ふた結び（ツー・ハーフ・ヒッチ）

1

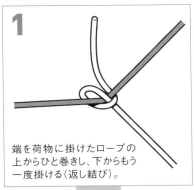

端を荷物に掛けたロープの上からひと巻きし、下からもう一度掛ける（返し結び）。

4

端を引いて結び目をしめる。

2

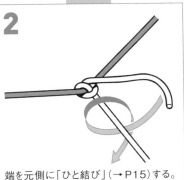

端を元側に「ひと結び」（→P15）する。

3

もう一度「ひと結び」する（ふた結び）。

5

完成

ふたつの結び方を組み合わせる強固な結び方だ。

荷造り

キの字型

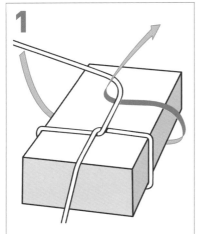

1

荷物の長辺の3分の1ぐらいでロープを曲げて裏を通して戻し、カギ型に引っかける。これを2回行う。

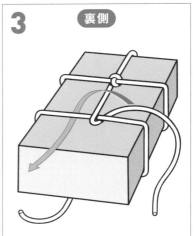

3 裏側

裏側の交差部はP146〜147を参照。荷物の長辺を通って表側へ返し、始端と結び合わせる。

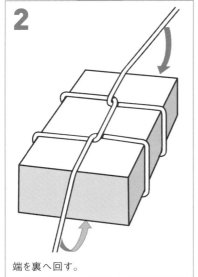

2

端を裏へ回す。

4 完成

荷物が小さい場合は手順**1**を1回にした「十字型」でもいい。

ひもの掛け方②

井の字型

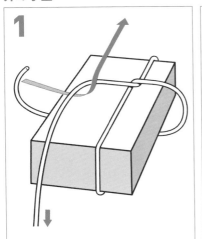

1

荷物の長辺にひと巻きしたロープをカギ型に引っかけて裏に回し、短辺を通してもう一度カギ型に引っかける。

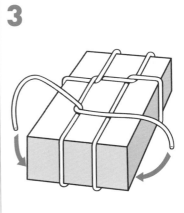

3

裏に回して短辺をひと巻きし、もう一方の端と結び合わせる。

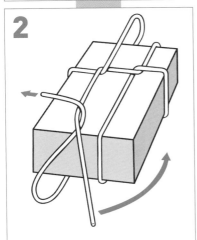

2

端を裏に回し長辺をひと巻きして、もう一方の端とカギ型に交差させる。裏側の交差部も処理する（→P146）。

4 完成

大きな荷物に適したひもの掛け方だ。

荷造り

143

柳行李結び

1

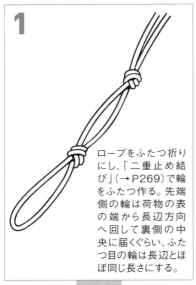

ロープをふたつ折りにし、「二重止め結び」(→P269)で輪をふたつ作る。先端側の輪は荷物の表の端から長辺方向へ回して裏側の中央に届くぐらい、ふたつ目の輪は長辺とほぼ同じ長さにする。

3 裏側

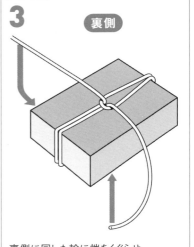

裏側に回した輪に端をくぐらせ、左右に振り分けて表へ回す。

2

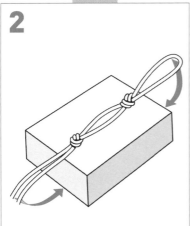

ふたつ目の輪を荷物の上にのせ、先端の輪とロープの端を裏側へ回す。

4

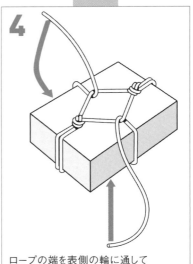

ロープの端を表側の輪に通して裏側へ戻す。

5 裏側

裏側でそれぞれの端を図のように
くぐらせ、長辺に沿うように回す。

7

端を表側の輪に巻きつけ、
「ふた結び」(→P39)する。

6 裏側

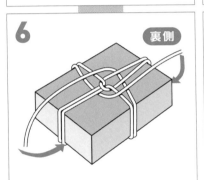

端を長辺方向へ向けて表側へ戻す。

8

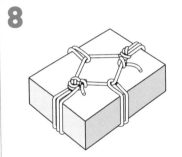

もう一方も同じように
「ふた結び」して仕上げる。

9 完成

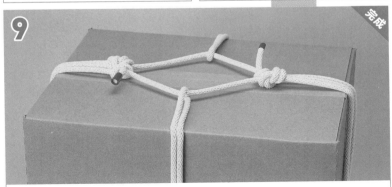

「衣裳箱結び」ともいい、角に丸みのある大きな荷物を縛るときに適している。

ひもをがっちり交差させる①

止め結び（オーバー・ハンド・ノット）

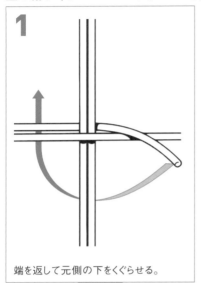

1

端を返して元側の下をくぐらせる。

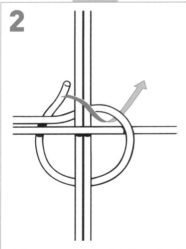

2

交差しているロープの上を通して輪にくぐらせる。

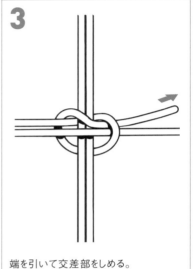

3

端を引いて交差部をしめる。

4 完成

図のように二重にロープを掛ける場合は、ひと巻き目もまとめて結んでしまう。

交差結び

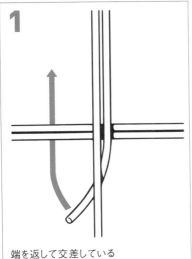

1 端を返して交差している
ロープの下を通す。

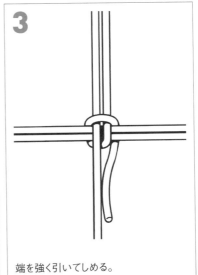

3 端を強く引いてしめる。

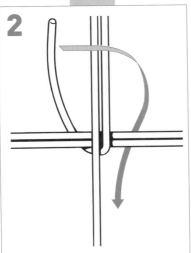

2 元側の上を通して交差している
ロープの下をくぐらせる。

4 完成
交差部分に「ひと結び」(→P15)して
いく要領だ。

荷造り

円筒形の物を縛る

底側から掛けたひもの両端を表側で交差させ、底側へ戻す。

両端を交差部の上から巻きつける。

底側

底側で両端を交差させ、上になった方をひと巻き目の下、下になったほうをひと巻き目の上に通す。

両端を引いて交差部を中央へ移動させ、「蝶結び」(→P136)で仕上げる。

底側

両端をそろえてもう一度表側へ。

完成

円筒型の物には幅広く使える。

02 荷物を積む

トラックの荷台に積んだ荷物にロープを掛けて固定する方法、ルーフキャリアに
荷物を固定する方法などを紹介する。

トラックに荷物を積む①

ふた結び（ツー・ハーフ・ヒッチ）

1

フックにロープを
掛けて「ひと結び」
（→P15）する。

3

端を強く引いて結び目をしめる。

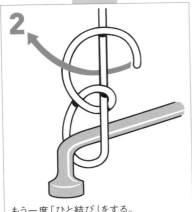

2

もう一度「ひと結び」をする。

完成

4

ロープの始端を止める方法。「二重止
め結び」（→P269）などで輪を作りフッ
クに掛けてもいい。

1

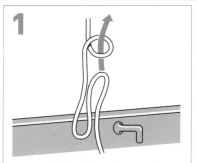

元側に小さい輪を作り、端を折り曲げて
作ったループをその輪に通す。

2

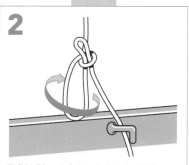

元側を引いて小さい輪をしめ、下側
の輪を1回ひねる。

3

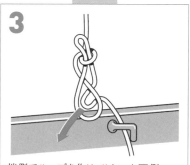

端側でループを作り、ひねった下側
の輪に通す。

4

輪を通したループを荷台のフックに
引っかける。

5

端を引いて積み荷をしめる。

6 完成

フックに掛かっているループを端でひと
巻きして、余った端でふたつ折りにして
掛かっているループにはさみ込む。ほど
きやすく強固な結び方。

1

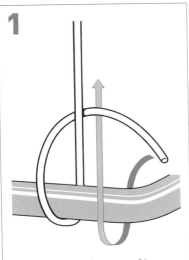

ルーフキャリアのバーにロープを
図のように巻きつける。

2

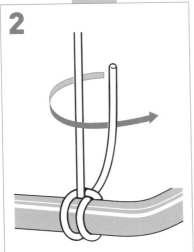

端を引いてしめ、さらに元側に
「ひと結び」(→P15)する。

3

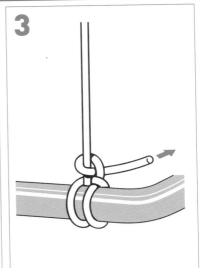

端を強く引く。

4 完成

手順1は「巻き結び」(→P76)、これに
「ひと結び」を加える。ロープの始端を
固定する結び方のひとつだ。

荷造り

151

もやい縮め結び

1

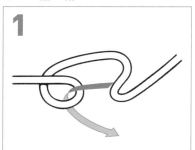

ロープの途中に輪を作り、図のようにループを輪の上から通す。

2

通したロープのループ部を引き、ロープ全体の長さを調節しながらループをルーフキャリアのバーに掛ける。

3

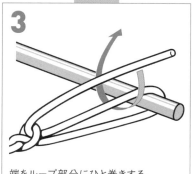

端をループ部分にひと巻きする。

4

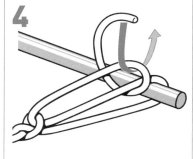

「止め結び」（→P85）にする。

5

端を引いてしめる。

6

完成

余ったロープの端はループとバーの間にはさみ込む。

トラッカーズ・ヒッチ

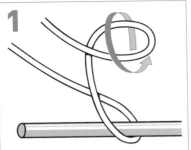

1

ロープをキャリアのバーに掛け、端側を2回ひねって8の字の輪を作る。

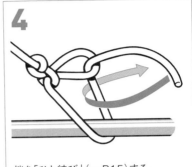

4

端を「ひと結び」(→P15)する。

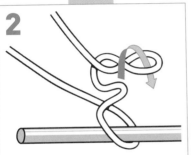

2

元側にループを作り、8の字の外側の輪に通して輪にする。

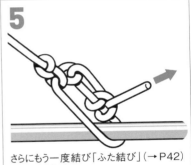

5

さらにもう一度結び「ふた結び」(→P42)にして固定する。

3

結び目をしめ、できた輪に端を通す。

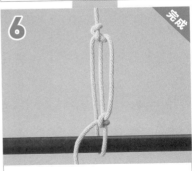

完成

トラックの積み荷にも使える結び方だ。

荷造り

153

オートバイや自転車の荷台に荷物を積む

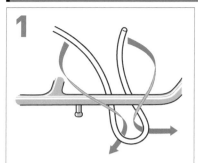

1

ロープの端をふたつ折りにし、荷台に「ひばり結び」(→P84)する。

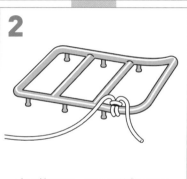

2

一方の端は30〜40cmほど残しておく。

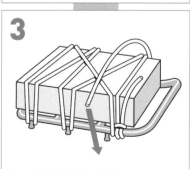

3

長いほうの端を回して荷物を固定していく。

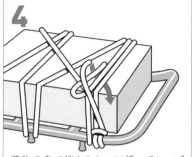

4

荷物の角で端をふたつに折ってループにし、もう一方の端を上から巻きつける。

5

端をループにくぐらせる。

6

完成

両端を引いてしめる。末端は「かます結び」(→P138)になる。

154

風呂敷の
荷物の包み方

おつかい包みをはじめとする基本の結び方や、グラスやビンを包むための装飾的な結びなどを紹介する。幅広く活用できるのが風呂敷の魅力だ。

風呂敷で荷物をまとめる①

おつかい包み

1 風呂敷を裏にして広げ、中央に荷物を置き⊙を荷物の上に被せる。

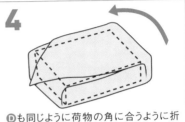

4 ⑩も同じように荷物の角に合うように折り込んでかぶせる。

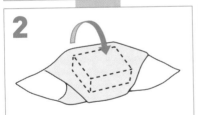

2 ⊗を**1**の上に被せて、⊗の角の余った部分を荷物の下に入れる。

5 角がたるまないように注意しながら⑧と⑩で「本結び」(→P54)する。

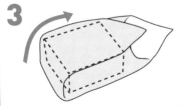

3 ⑧を手に持ち、荷物の角に合うように折り込んでかぶせる。

6 完成

⑧と⑩をしっかりしめたら、全体を整えて完成。基本的な風呂敷の包み方だ。

ふたつ包み

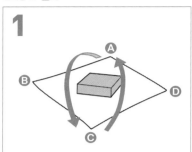

1

裏にした風呂敷の中央に荷物を置き、Ⓐと●を持ち上げる。

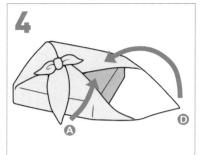

4

ⒶとⒹを手に持ち荷物に寄せる。

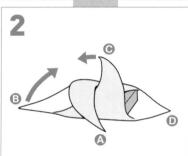

2

風呂敷の裏が見えないようにしながらⒶと●を交差させⒷと●を手に持つ。

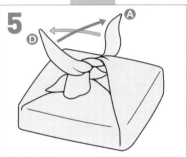

5

ⒶとⒹを**3**と同じように角を整えながら「本結び」する。

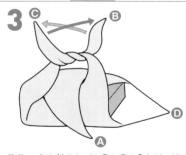

3

荷物の角を整えながらⒷと●を「本結び」（→P54）する。

6 完成

2か所で結んで固定するため、長方形の物を包むときに適している。

風呂敷で荷物をまとめる③

グラス2個包み

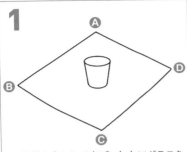

1 風呂敷を裏にして広げ、中央にグラスを立てた状態で置く。

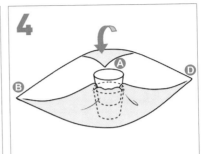

4 2個目のグラスの上にⒶを重ねる。

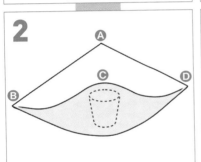

2 Ⓒをグラスにかぶせる。

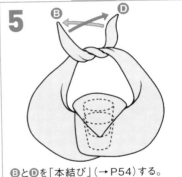

5 ⒷとⒹを「本結び」（→P54）する。

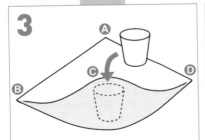

3 Ⓒの上からもうひとつのグラスを重ねる。風呂敷がクッションになる。

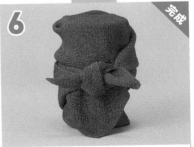

完成

6 茶碗など割れ物を包むときに便利な包み方だ。

荷造り

157

ビン1本包み

1

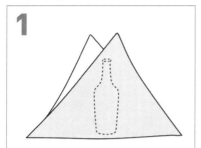

風呂敷を裏にして広げ、真ん中にビンを置いて三角形に折る。

4

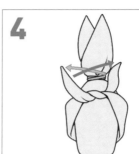

ビンの裏側で「本結び」(→P54)し、仮止めの輪ゴムを外す。

2

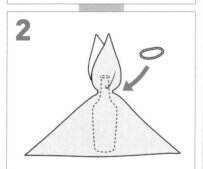

ビンの首の部分を輪ゴムで仮止めする。

5

上のふたつの角を「ひと結び」(→P15)した後、輪を作るように先端で「本結び」する。

3

残ったふたつの角を交差させ、ビンに巻きつける。

6

完成

上の角を結ぶときに輪を作るようにすることで持ち手になる。

ビン2本包み

1

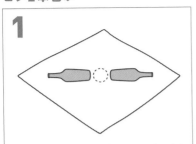

風呂敷を裏にして広げ、中央に少しすき間を開け、底が向かい合うように2本のビンを並べる。

4

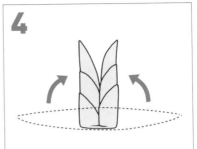

すき間のところからビンをふたつ折りにして立てる。

2

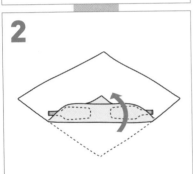

風呂敷の手前の角をビンにかぶせる。

5

先のふたつの角を「本結び」(→P54)する。

3

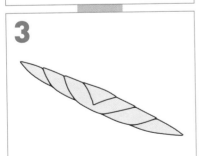

ビンがずれないようにしながら転がして反対側の角まで巻く。

6

完成

プレゼントの包装や手土産を持っていくときに重宝する包み方。

荷造り

159

風呂敷で荷物をまとめる⑥

三角バッグ

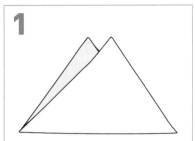

1

風呂敷を表にして広げ、三角形になるように折る。最終的に内側が表になる。

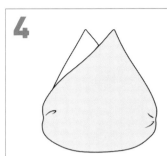

4

内側が表になるように裏返す。

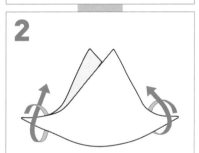

2

底辺の両角をそれぞれ「止め結び」（→P85）する。

5

上の両端を「本結び」（→P54）する。

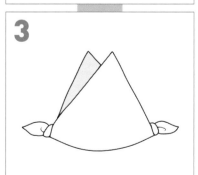

3

結んだ端をしっかりとしめる。

6 完成

すぐに作れるので少しの買い物などに便利。

ショルダーバッグ

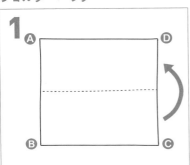

1 風呂敷を裏にして広げ半分に折る。

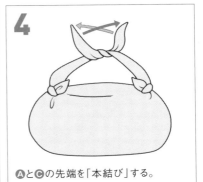

4 ⒶとⒸの先端を「本結び」する。

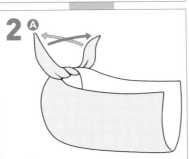

2 Ⓐを長め、Ⓑを短めに取って、ⒶとⒷを「本結び」(→P54)する。

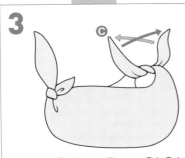

3 Ⓒを長め、Ⓓを短めに取って、ⒸとⒹを「本結び」する。

5 完成

比較的たくさんの荷物を包めるので、食料品などの買い物に便利。

荷造り

水玉バッグ

1 風呂敷を裏にして広げ、Ｂ と Ｃ を持つ。

2 Ｂ と Ｃ を「ひと結び」（→ P15）する。

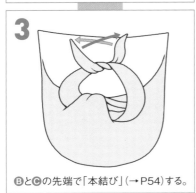

3 Ｂ と Ｃ の先端で「本結び」（→ P54）する。

4 Ａ と Ｄ を「ひと結び」する。

5 Ａ と Ｄ の先端で「本結び」する。

6 完成

トートバッグのように使えるので、ちょっとした外出や買い物に使える。

パート6

生活で使う
ロープワーク

生活で使う
ロープワークのポイント

　ロープワークはキャンプや登山などアウトドアの場面で使用するイメージがあるが、日常生活でも掃除や洗濯をする際の便利な道具として役立てられる。また難しくはないが使用頻度の高い結びを使う場面が多いので、普段雑に済ませてしまっている結びを一度正しく覚え、適材適所で使い分けができるようになれば、効率のいい家事につながるはずだ。たとえば、新聞や雑誌などを荷崩れなく固定したり、段ボールなど板状の物をまとめたりすることが、手際よくできるようになる。

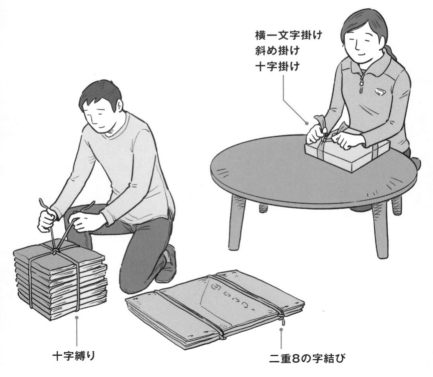

横一文字掛け
斜め掛け
十字掛け

十字縛り

二重8の字結び

イベントや行事でも、何かを結ぶシーンは多い。クリスマスの時期になれば、プレゼントを用意する際のリボンのラッピング。今では購入時にサービスで行ってくれるところも多いが、結び方を覚えれば自分好みの特別な装飾を施すことができる。

　家庭で使うロープとしては細かくこだわる必要はないので、直径6〜8mm程度の柔らかい編みロープを用意すると汎用的でいいだろう。

トラッカーズ・ヒッチ
アイ・スプライス

家の中での工夫

長いひもをまとめる処理、ピンや袋物の結び方、家庭だけでなく海外旅行などでも役立つ洗濯ロープの張り方などを紹介する。

長いひもを短くまとめる①

鎖結び（チェイン・ノット）

1 ひもの途中に輪を作り、下側のひもをループにして輪に通す。

4 最後のループで「ひと結び」（→P15）にする。

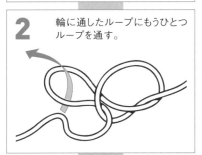

2 輪に通したループにもうひとつループを通す。

3 ループの大きさをそろえながら、同じ行程を繰り返す。

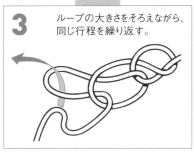

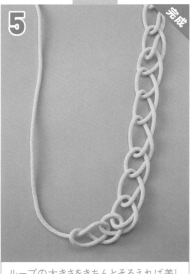

5 完成

ループの大きさをきちんとそろえれば美しく仕上がる。

縮め結び（シープ・シャンク）

1

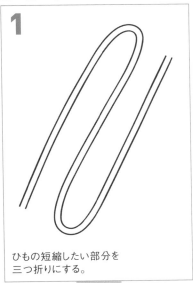

ひもの短縮したい部分を
三つ折りにする。

3

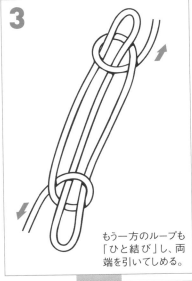

もう一方のループも
「ひと結び」し、両
端を引いてしめる。

2

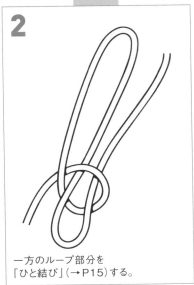

一方のループ部分を
「ひと結び」（→P15）する。

4

完成

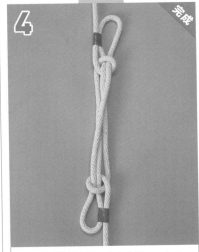

ループと両端を細いひもやビニールテー
プなどで縛って固定する。

生活

バラバラの大きさの本を縛る

1

重ねた本にひもをひと巻きして、両端を上で十字に交差させる。

2

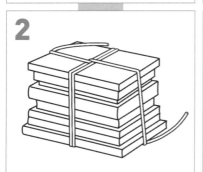

交差させた方向にひと巻きする。

3

両端を側面の真ん中あたりで十字に交差させる。

4

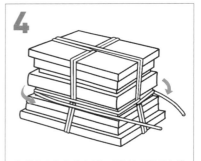

交差させた方向に引っ張りながらひと巻きする。

5

両端を「本結び」(→P134)で結ぶ。結ぶ位置はどこでもよい。

6 完成

側面の真ん中でも縛ることで、大きさにばらつきがあっても緩みにくくなる。

板状の物を縛る

1

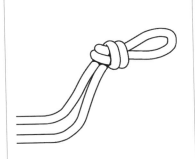

ロープをふたつに折って二重にし、先端に輪ができるように1回結ぶ。

2

板の左側から1/3ぐらいのところに二重にしたロープを掛け、ひと巻きし、1で作った輪に通す。次に板の右側から1/3のところにロープを掛け、矢印の方向でひと巻きする。

3

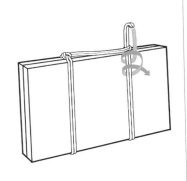

端を板に掛けたロープに2回巻きつけ、「ふた結び」（→P42）する。

4 完成

端を引っ張ってしめて完成。上部のロープを持ち手にすると運びやすい。

ビンを縛る

1 両端が均等に残るようにひもの中央でビンをふた巻きし、Ⓐを前側に2〜3回巻きつける。

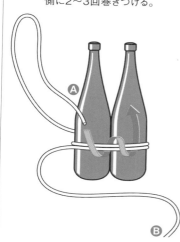

2

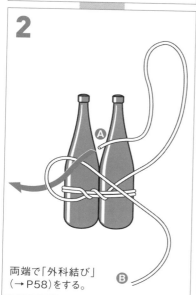

両端で「外科結び」
（→P58）をする。

3

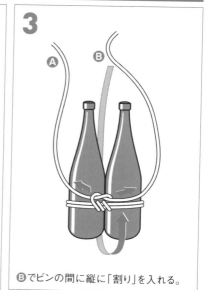

Ⓑでビンの間に縦に「割り」を入れる。

4

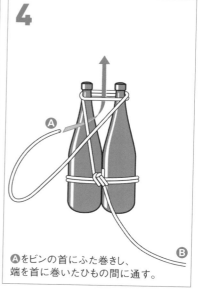

Ⓐをビンの首にふた巻きし、端を首に巻いたひもの間に通す。

5

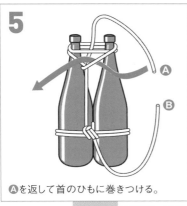

Ⓐを返して首のひもに巻きつける。

8

余った両端を「蝶結び」(→P136)にして仕上げる。

6

Ⓐで「ひと結び」(→P15)し、Ⓑを縦に1周させる。

7

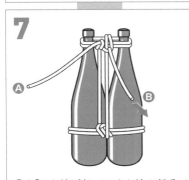

Ⓐを「ひと結び」してできた輪の部分でⒷを「巻き結び」(→P76)する。

9

完成

手順3で「割り」を入れているためビンどうしがぶつかることはない。

絞め結び

1

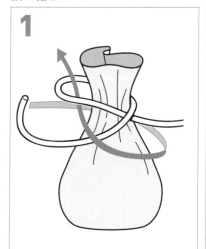

端が元側の上を通るように袋の口にひと巻きし、さらにもうひと巻きする。

3

両端を引いてしめる。

2

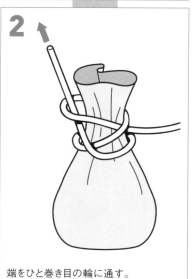

端をひと巻き目の輪に通す。

4

完成

手早く確実に袋の口をしめられる。

袋物の口を縛る②

粉屋結び

1

片手で袋の口を握ってその手の上から
ひもをひと巻きし、次に手の下を通しても
うひと巻きする。

2

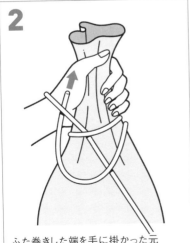

ふた巻きした端を手に掛かった元
側の下に通し、ゆっくりと握った手
を輪から抜く。

3

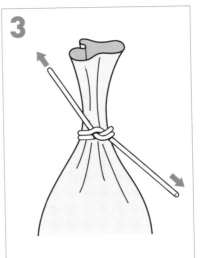

両端を引いてしめる。

4 完成

口が開きやすい袋や、倒れやすい袋の
口を縛るときに便利な方法だ。

生活

柳行李結び

1

ひもをふたつ折りにし、「二重8の字結び」（→ P46）で結ぶ物の円周の3分の1ぐらいの輪をふたつ作る。

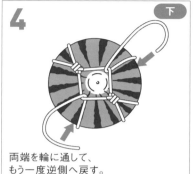

4 下

両端を輪に通して、もう一度逆側へ戻す。

2 横

ひもを掛けてループに両端を通す。

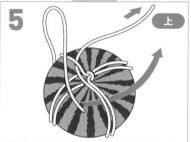

5 上

両端が交差するように、それぞれもう一方の下を通し、最後に「止め結び」（→ P85）や「本結び」（→ P54）などでしめる。

3 上

通した両端をループと直角になるよう左右に振り分け、反対側へ回す。

6 完成

「柳行李結び」（→ P144）の最後を少し省略した結び方だ。

洗濯ロープを張る

トラッカーズ・ヒッチ

1
柱やフックなどにロープを
掛け、元側に輪を作って
1回ひねる。

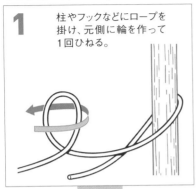

4

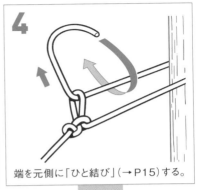

端を元側に「ひと結び」（→P15）する。

2
図のようにループを作り、
8の字の先の輪に通す。

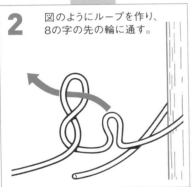

5

もう一度「ひと結び」して仕上げる。

3
8の字をしめて
ループを輪の形
で残し、その輪に
ロープの端を通す。

6 完成

ロープの張りを簡単に調節できる結び
方だ。

生活

洗濯ロープに固定の輪を作る

アイ・スプライス

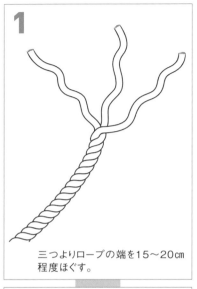

1

三つよりロープの端を15〜20cm
程度ほぐす。

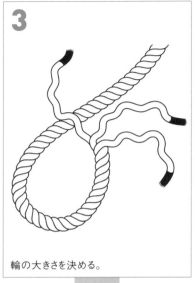

3

輪の大きさを決める。

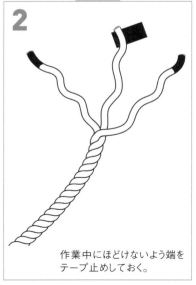

2

作業中にほどけないよう端を
テープ止めしておく。

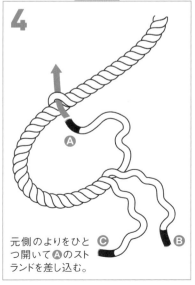

4

元側のよりをひと
つ開いて🅐のスト
ランドを差し込む。

5

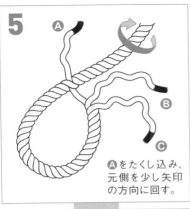

Ⓐをたくし込み、元側を少し矢印の方向に回す。

8

手順4〜7を3回繰り返し、余ったストランドはカットする。

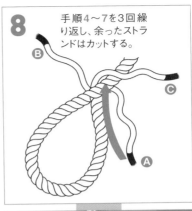

6

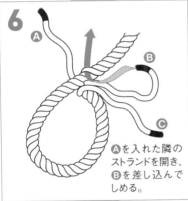

Ⓐを入れた隣のストランドを開き、Ⓑを差し込んでしめる。

7

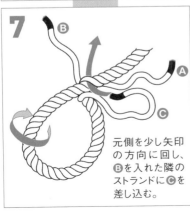

元側を少し矢印の方向に回し、Ⓑを入れた隣のストランドにⒸを差し込む。

9

ほどいたストランドを元側に編み込むので、3〜4回でしっかりと固定された輪ができる。

生活

シングル

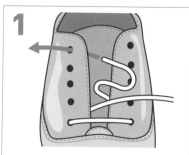

左端が長くなるよう最下段に靴ひもを通し、右端を一番左上の穴に裏から通す。

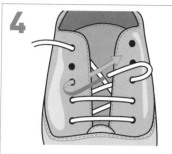

2と3を一番上の段まで下から順番に繰り返す。

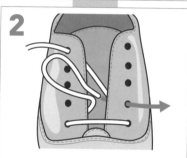

左端が右端の上を通るように、右の下から2段目の穴に裏から通す。

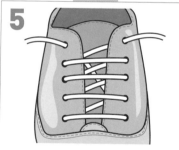

左右のひもの長さが均等になるように調節して「蝶結び」(→P136)する。

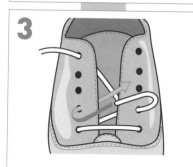

2で通した端を左の2段目に表から通す。

靴ひもの厚みが出ないすっきりとした見た目が特徴だ。

パラレル

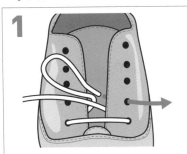

左右の長さをそえて最下段に靴ひもを通し、左端を右2段目に裏から通す。

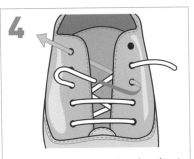

2で通した端を右の3段目の穴に表から通し、左の5段目の穴に裏から通す。

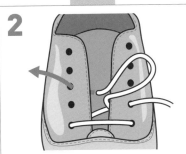

右端が左端の上を通るように、左の下から3段目の穴に裏から通す。

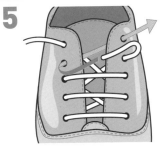

3で通したひもを左の4段目の穴に表から通し、右の5段目の穴に裏から通す。

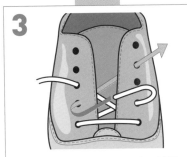

1で通した端を左の2段目に表から通し、右の下から4段目の穴に裏から通す。

完成

最後に「蝶結び」(→P136)。緩みにくく、しまりもいい一般的な革靴の結び方だ。

生活

179

イヤホンコードをまとめる

1

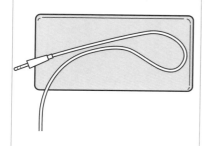

コードをふたつ折りにしてループを作り、スマートフォンや音楽プレイヤーの背面に指で押さえる。

3

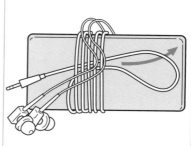

イヤホン部のコードを2本束ねてループを作り、最初に作ったループに通す。

2

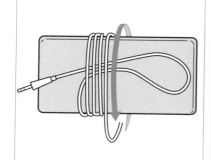

ループの形はそのままに、端をプラグ側から輪のほうに4〜5回巻きつける。

4

完成

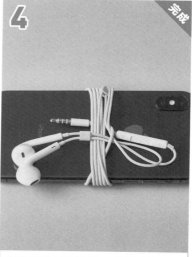

最後にプラグ側を引いて輪を小さくして固定する。簡単にほどける結び方だ。

1

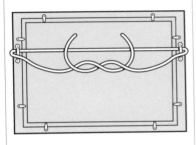

額縁の左右ふたつの金具にひもを通して、「ひと結び」（→P15）する。

3

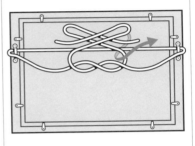

折り返したループを交差させ、一方のループをひと巻きして引き締める（蝶結び）。

2

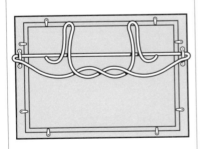

両端を折り返してループをふたつ作る。

4

完成

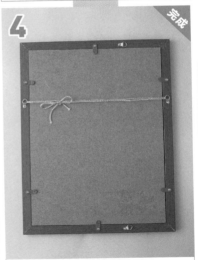

結び目を中央からずらして引っかけやすいようにする。比較的簡単な方法。

生活

181

額縁を吊るす②

1

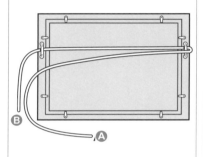

額縁の左右ふたつの金具にロープを通す。このとき🅐を🅑より長めにする。

2

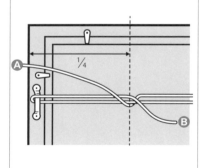

¼

🅐を最初に通したロープの裏に通して額縁の左1／4の位置で🅑と交差させる。

3

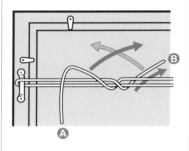

🅑を最初に通したロープの裏に通して🅐と🅑を「ひと結び」（→P15）する。

4

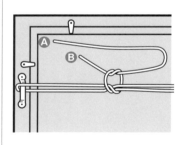

この時点でも🅑より🅐のほうが長い状態になっている。

5

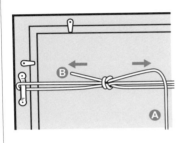

ⒶとⒷを矢印の方向に引っ張り、結び目をしめる。

7

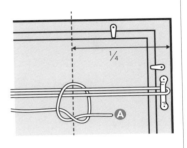

額縁の右から1/4の位置で「ひと結び」する。Ⓐを引っ張りながら結び目の位置を調節する。

6

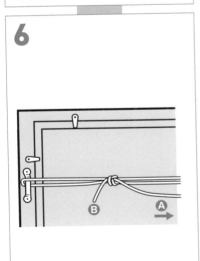

Ⓐを右側に引っ張る。

8

完成

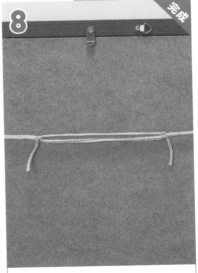

P181の結び方よりも強度が高い。

生活

183

02 イベント事で使う ロープワーク

行事や季節ごとのイベントなど、特別なときに必要な結び方は多くある。ここでは
着物で使うたすきの結びと、リボンの結びを紹介する。

たすき掛け①

1

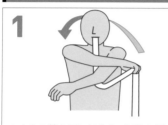

たすきの端を口にはさみ、左脇の下から
背中へ反対側を通す。

2

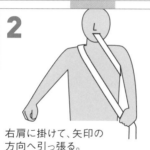

右肩に掛けて、矢印の
方向へ引っ張る。

3

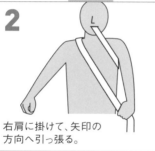

右脇の下を通して、左
肩の上へまわし掛ける。

4

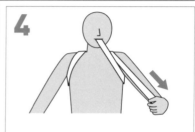

端を引っ張り引きしめる。

5

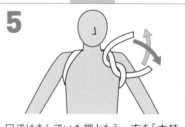

口ではさんでいた端ともう一方を「本結
び」(→P54)で結ぶ。

6

完成

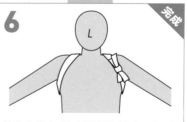

着物の場合、脇の下を通すときにそでを
いっしょに巻き込むと動きやすい。

たすき掛け②

1

たすきの真ん中が胸の前にくるようにして斜めに体に掛ける。

2

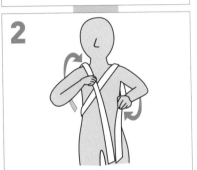

掛けた両端を、背中から前へ肩に巻きつけるように持ってくる。

3

持ってきた両端を、胸の前で「ひと結び」（→P15）してしめる。

4

上側に出ている端のほうが少し長めになるように調節する。

5

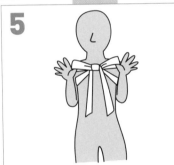

両端をもって「蝶結び」（→P136）する。

6 完成

背面

いったん肩から外し、結び目が背中側へくるようにつける。見た目に華やかさのある結びだ。

生活

185

リボンの結び方①

横一文字掛け

1

左端にひとつ分の輪とたれの長さを残し、右端を箱の裏へ通す。

3

リボンを引き締めて「蝶結び」(→P136)する。

2

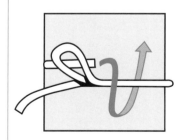

箱の上で「ひと結び」(→P15)する。

4 完成

基本のリボンの結び。最後に結び目をきれいに整える。

斜め掛け

1

ひとつ分の輪とたれの長さを残し、右端を右上の角を巻くようにして裏を通し、左下の角へ。

3

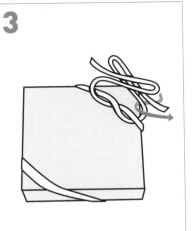

残しておいた部分に「ひと結び」し、最後に両端を「蝶結び」(→P136)する。

2

左下の角下を上から巻くようにして再び裏を通して右上の角に。

4 完成

斜めに掛ける結び方。長方形の箱などに向いている。

生活

ダブル蝶結び

1

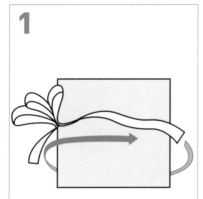

右端に3つ分の輪とたれひとつ分の長さを残し、箱に右端を1周させて「ひと結び」(→P15)する。

3

次に左側に折り返して輪を作る。

2

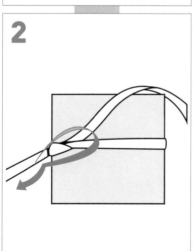

1で取っておいた側のリボンを右側に折り返して輪を作る。

4

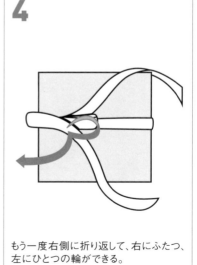

もう一度右側に折り返して、右にふたつ、左にひとつの輪ができる。

188

5

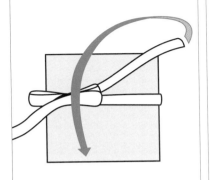

輪を作っていないほうの端を、左右の輪の真ん中を通るように上から掛ける。

7

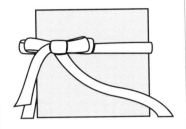

6で通したループが左側の輪になる。輪が左右にふたつずつできるので形を整える。

6

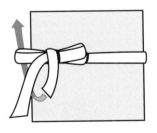

掛けた端でループを作り、左右の輪の真ん中を通るように裏へ返す。

8

豪華な装飾のリボンの結び。完成後、リボンの位置を中央にもってきてもよい。

十字掛け

1

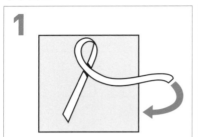

箱の中央でひとつ分の輪とたれの長さを残し、右端を箱1周させる。

4

右端は**2**で交差した部分を上から巻き込むように通して右上へ、左端は左下へ。それぞれ対角線に引っ張る。

2

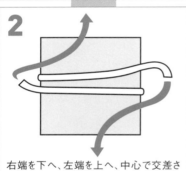

右端を下へ、左端を上へ、中心で交差させる。

5

両端を「ひと結び」(→P15)して、さらに「蝶結び」(→P136)する。

3

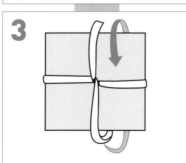

左端(上)を引っ張りながら右端(下)を裏へ通す。

6 完成

箱以外にも様々な物に結びやすい。

190

リボンの作り方①

1

人差し指にリボンを掛けて右端を中指と薬指の間から出し、人差し指と中指の付け根の間へ通す。

3

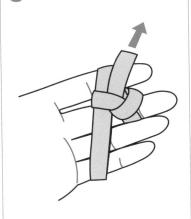

右端をそのまま引っ張り、結び目をしめたら指から抜き形を整える。

2

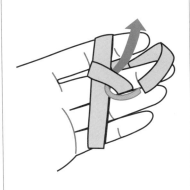

1でできた中指の輪に下から上へ右端を通す。

4

完成

指2本を使ってできる簡単なリボンの作り方だ。

生活

リボンの作り方②

1

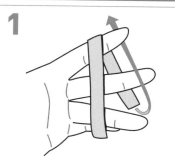

人差し指にリボンを掛け、右端を中指の下から折り返して人差し指の裏へ通す。

4

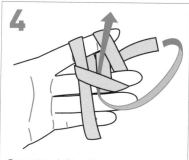

3でできた中指の輪に下から上へ右端を通す。

2

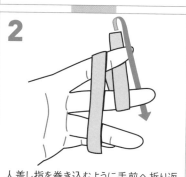

人差し指を巻き込むように手前へ折り返し、中指の裏へ通す。

5

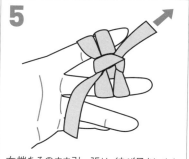

右端をそのまま引っ張り、結び目をしめたら指から抜き形を整える。

3

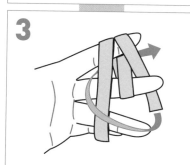

人差し指と中指の付け根の間の隙間へ、手間から奥へ通す。

6 完成

輪がふたつあるリボンの作り方。指2本を使って簡単にできる。

パート **7**

園芸で使う
ロープワーク

園芸で使う
ロープワークのポイント

園芸やガーデニング、農作業などでは、庭の植木を支柱に固定したり、家庭菜園の棚を作ったりするなど、大きな物から小さな物まで、植物などを支える用途が多い。また、庭の柵を作ったり、花壇を囲ったりするときにもロープワークが活躍する。

スーパーヒッチ
固め結び
ジグザグノット
ムーアリングヒッチ

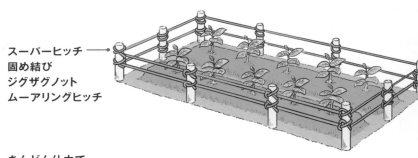

あんどん仕立て

三本支柱
合掌式支柱

屋外で使われることが基本なので、耐久性が要求されるが、対象物が成長して変化することもあるので、柔軟な性質も持ち合わせておく必要がある。そして、利用される期間や場所に合わせて、ロープの太さや耐久性を選べば、効率のいいロープワークができる。

　植物を支えるための支柱などを作るときは、しっかりと対象物に力がかかり、風雨でほどけにくい結び目が必要になってくる。

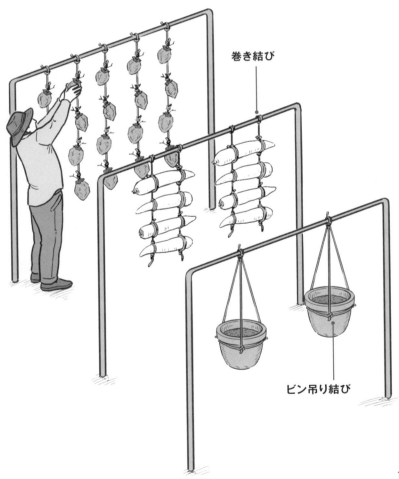

巻き結び

ビン吊り結び

01 柵や垣根を作る

花壇や庭に柵や垣根を作るためのロープワーク。素材に丸太や竹を使い、園芸用の細めのシュロ縄で固定すると、趣のある仕上がりになる。

柵を作る①

スーパーヒッチ

1

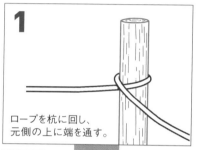

ロープを杭に回し、元側の上に端を通す。

4

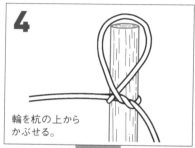

輪を杭の上からかぶせる。

2

端をゆるめてループを作り、1回ひねって輪にする。

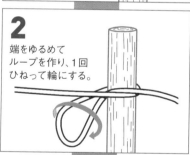

5

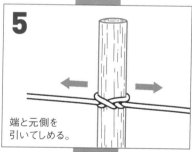

端と元側を引いてしめる。

3

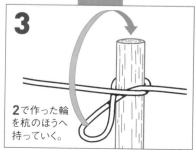

2で作った輪を杭のほうへ持っていく。

6 完成

簡単に結べて、すぐにほどくことができる結び方だ。

固め結び（コンストリクター・ヒッチ）

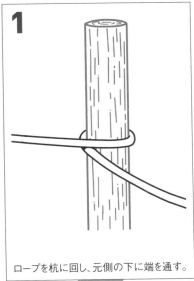

1

ロープを杭に回し、元側の下に端を通す。

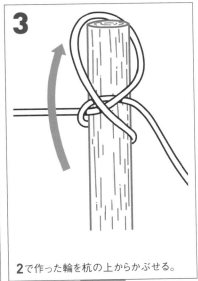

3

2で作った輪を杭の上からかぶせる。

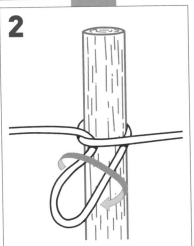

2

元側をゆるめてループを作り、1回ひねって輪にする。

4 完成

簡単で素早くできる結びだ。

園芸

ジグザグノット

1

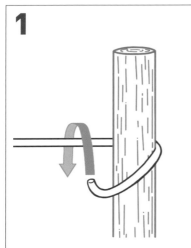

ロープを杭に回し、端を元側の上を通して手前に引く。

3

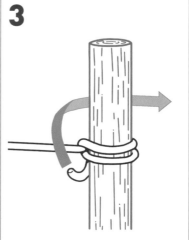

手前に引いた端を元側の前を通し、杭の後ろに回す。

2

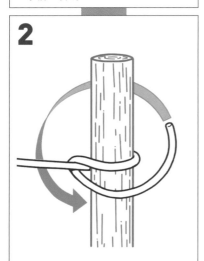

端を引っ張り、もう一度杭の後ろに回したら元側の下を通し手前に引く。

4

完成

端と元側を引いてしめる。端を次の杭に移して**1**〜**4**の手順で同じように結んで柵を作ることができる。

ムーアリングヒッチ

1

ロープの端を杭の後ろに通し、ループを作り反時計回りに杭に1周させる。

2

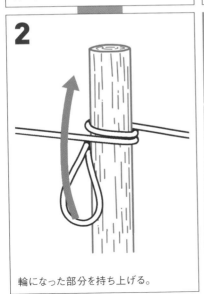

輪になった部分を持ち上げる。

3

輪を上から杭にかぶせる。

4 完成

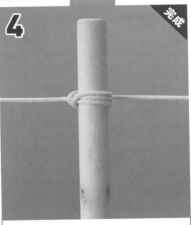

輪を結び目に密着させ、端と元側を引いてしめる。「ジグザグノット」(→P198)に比べて巻きやすく、簡単に結ぶことができる。

園芸

垣根結び

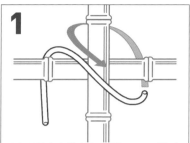

1

2本の棒を交差させて重ね、ロープの右端を横竹の左上から右下を通って斜めになるように縦竹にひと巻きする。

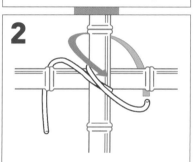

2

1の手順を繰り返し、もうひと巻きして二重にする。

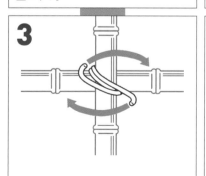

3

端と端を手前で交差させる。

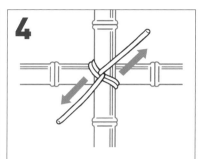

4

棒の中央でロープを交差させ、角度を変えて右上、左下に引く。

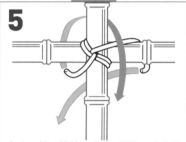

5

右上の端は横棒の右裏、縦棒の裏を通し左側へ。左下の端は縦棒の裏を通し右側に抜く。

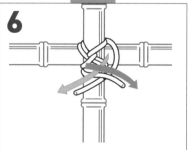

6

ロープの両端を手前に引いて交差させて引っ張る。

7

交差した状態の左端を右側のロープに
ひと巻きし輪を作る。

10

輪に通した端を右下の方向へ引っ張る。

8

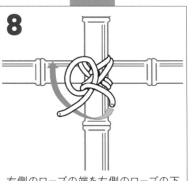

右側のロープの端を左側のロープの下
に通す。

11

結び目を手で押さえながら、輪を作った
ロープの端を引っ張る。

9

端を輪の中に通す。

12

完成

棒の中心に結び目がくるように意識して
結ぶとよい。

園芸

垣根を作る②

裏二の字結び

1

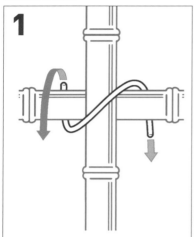

棒を交差させ、十字部分に斜めにロープを掛け、右端を横棒の上から下、左端を下から上に通し、手前に持ってくる。

3

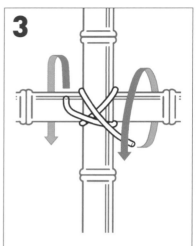

右にきた端を横棒の下から上に、左にきた端を上から下に通して手前に戻す。

2

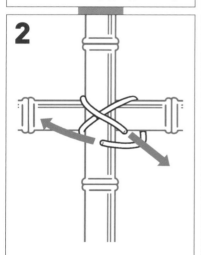

両端をそれぞれ矢印の方向に引っ張り交差させる。

4

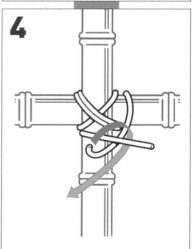

手前中央で両端を交差させ、矢印のように左側のロープで輪を作る。

5

右側ロープの端を矢印のように輪に通す。

7

結び目を手で押さえながら、輪を作った
ロープの端を引っ張ってしめる。

6

輪に通した端を引く。

8

完成

垣根の裏側に障害物などがある場合に
有効な結び方だ。

四つ目絡み

1

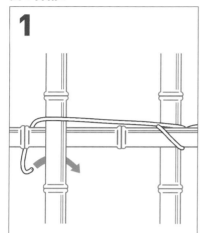

右から絡める場合（右の棒は結び済み）。
端を左の縦棒の表から横棒の裏を通して十の字の右側へ。

3

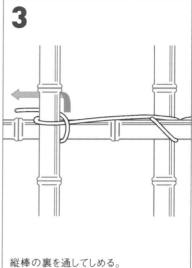

縦棒の裏を通してしめる。

2

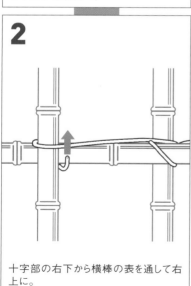

十字部の右下から横棒の表を通して右上に。

4

完成

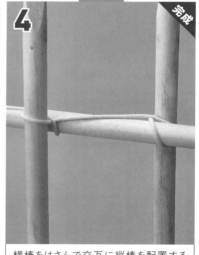

横棒をはさんで交互に縦棒を配置する場合の結び方だ。

四つ絡み

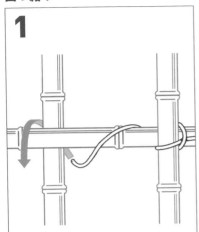

1

右から絡める場合（右の棒は結び済み）。端を横棒にひと巻きして縦棒の裏から十字部の左手前に通す。

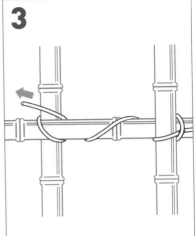

3

右横棒の裏を通した端を、縦棒の表に通してしめる。

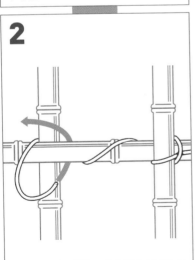

2

左横棒の表、縦棒の表を通るようにして右横棒の裏側へ。

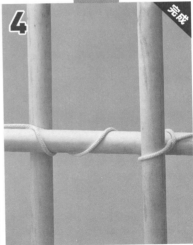

4 完成

縦棒の間隔が広い場合、「四ツ目絡み」よりも巻きつけがあるため緩みづらい。

園芸

02 支柱や角材を組む・束ねる

大きめの木を支える支柱や、角材や丸太を縛るときに使うロープワークだ。長めのロープを使い、巻きつける回数が多いのが特徴だ。

支柱や角材を束ねる①

たすき掛け

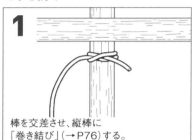

1 棒を交差させ、縦棒に「巻き結び」(→P76)する。

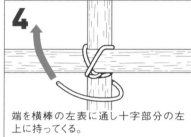

4 端を横棒の左表に通し十字部分の左上に持ってくる。

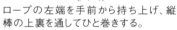

2 ロープの左端を手前から持ち上げ、縦棒の上裏を通してひと巻きする。

5 端が縦棒の上裏を通るように、ひと巻きする。

3 ひと巻きしたロープの端を今度は下でひと巻きする。

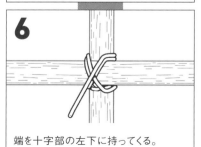

6 端を十字部の左下に持ってくる。

206

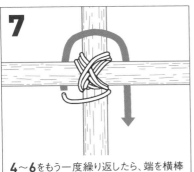

7

4〜6をもう一度繰り返したら、端を横棒の左裏、縦棒の上表、横棒の右裏の順に通す。

10

端を縦棒の下にひと巻きする。

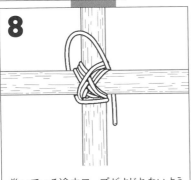

8

巻いている途中ロープがよじれないように注意する。

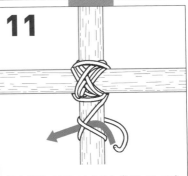

11

端を縦棒の下にもうひと巻きして、できた交差部の下を通す。

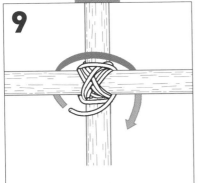

9

7を繰り返し、もうひと巻きする。

12 完成

結び目を引いてしっかりしめる。樹木や草花の支柱を作るときに適した結びだ。

足場縛り

1

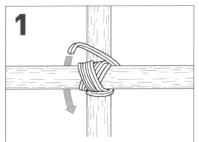

ロープをふたつ折りにし、両端をループに通すようにして縦棒に巻きつける。次に両端を横棒の右表から裏へ通す。

4

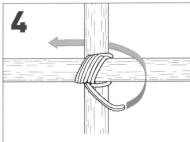

両端を十字部の右上から縦棒の裏に通し、左上に持ってくる。

2

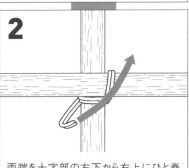

両端を十字部の左下から右上にひと巻きする。

5

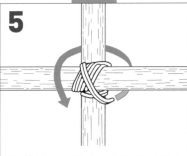

2〜**3**とは反対方向に斜めにひと巻きする。

3

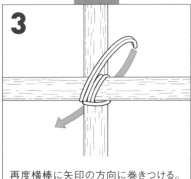

再度横棒に矢印の方向に巻きつける。

6

5を3、4回繰り返す。

7

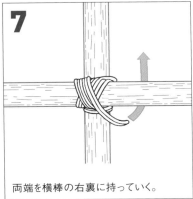

両端を横棒の右裏に持っていく。

8

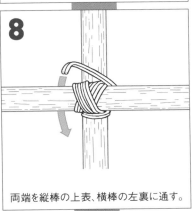

両端を縦棒の上表、横棒の左裏に通す。

9

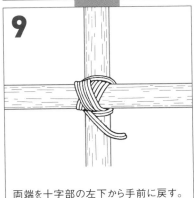

両端を十字部の左下から手前に戻す。

10

縦棒を矢印の方向にひと巻きする。

11

もうひと巻きして交差部の下に両端を通し、右側に引いてしめる。

12 完成

各手順、端をしっかり引っ張ってしめながら行う。堅牢な結び方。

8の字縛り

1

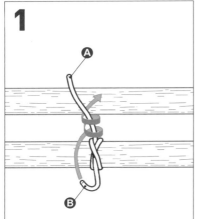

棒を2本並べ、一方にロープを「巻き結び」(→P76)をしてから、**B**を**A**に2回巻きつける。このとき**A**の長さを十分にとる。

3

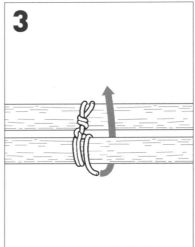

もう一方の棒の表から裏側を通し、もう一度棒の間に通す。

2

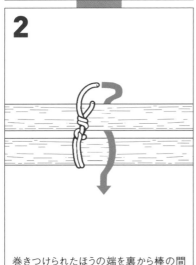

巻きつけられたほうの端を裏から棒の間を通す。

4

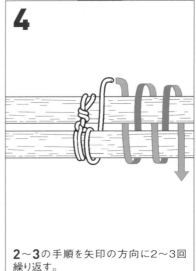

2～**3**の手順を矢印の方向に2～3回繰り返す。

5

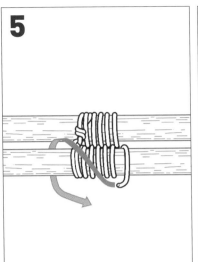

矢印の方向に戻し、棒の間を沿うように回す。

7

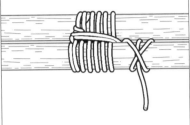

余ったロープの端を片方の棒に「巻き結び」で固定する。

6

5と同じようにもう一度巻く。

8

縛った後に棒を交差させて使用する結び方だ。

支柱を組む①

三本支柱

1

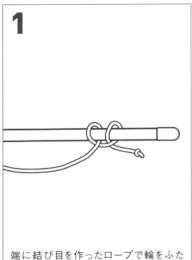

端に結び目を作ったロープで輪をふたつ作り、その中に支柱を1本通す。

3

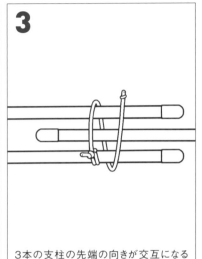

3本の支柱の先端の向きが交互になるよう並べ、ひと巻きする。

2

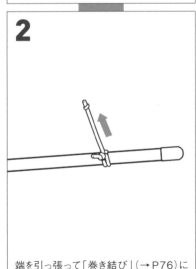

端を引っ張って「巻き結び」(→P76)にする。

4

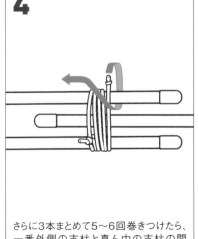

さらに3本まとめて5〜6回巻きつけたら、一番外側の支柱と真ん中の支柱の間に矢印のように端を通す。

5

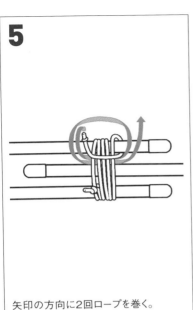

矢印の方向に2回ロープを巻く。

7

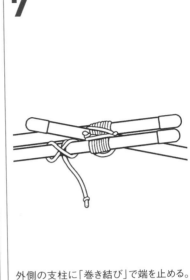

外側の支柱に「巻き結び」で端を止める。

6

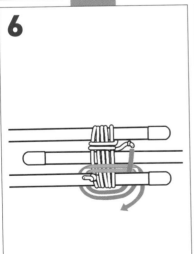

反対の外側の支柱と真ん中の支柱の間を、**5**と同じように矢印の方向に2回巻きつける。

8

完成

支柱を立ち上げ、3方向に足を開いて完成。

園芸

213

支柱を組む②

合掌式支柱

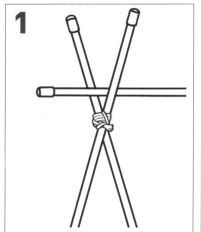

1

支柱を2本交差させて「筋交い縛り」（→P64）で固定し、交差部に上からもう1本支柱を置く。

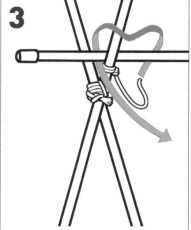

3

上に置いた支柱の奥から手前へ端を引っ張り、さらに交差している支柱の間に奥から手前へ通す。

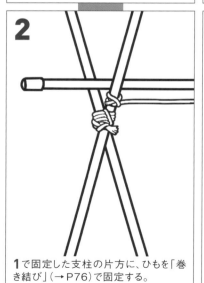

2

1で固定した支柱の片方に、ひもを「巻き結び」（→P76）で固定する。

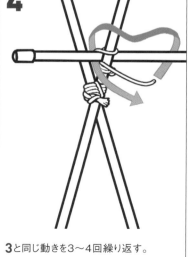

4

3と同じ動きを3〜4回繰り返す。

5

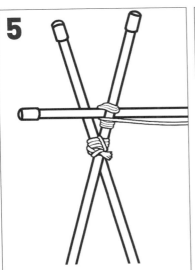

図のような状態になる。上に置いた支柱が斜めにならないように調節する。

7

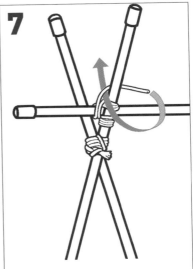

手前側の支柱に、余ったひもを「巻き結び」で固定する。

6

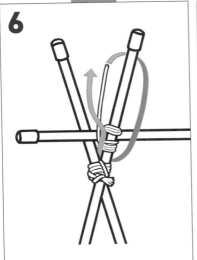

3でできた結び目に、端を時計回りで2~3回縦に巻きつける。

8

完成

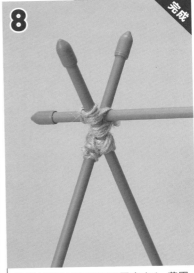

片側も同じように支柱を固定する。菜園で使える強風に強い結びだ。

支柱を組む③

あんどん仕立て

1

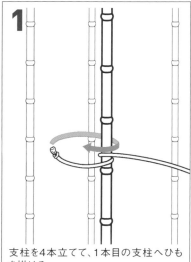

支柱を4本立てて、1本目の支柱へひもを掛ける。

2

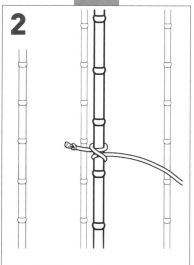

「巻き結び」(→P76)で固定する。

3

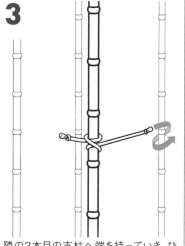

隣の2本目の支柱へ端を持っていき、ひと巻きする。

4

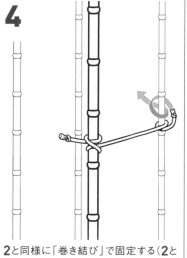

2と同様に「巻き結び」で固定する(2とは方向が逆になる)。

5

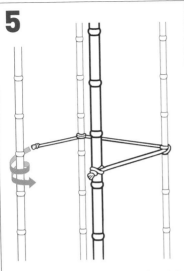

3本目も**4**と同様に「巻き結び」で固定していく。

7

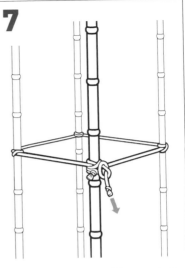

余ったひもを「止め結び」(→P85)でしめて固定する。

6

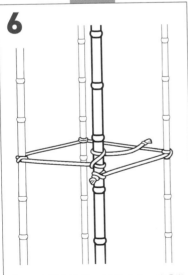

1の1本目の支柱へ戻り、もう一度「巻き結び」で固定する。

8

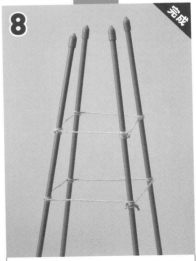

完成

支柱の長さに合わせて、同じように**1**〜**7**でひもを固定する。つる植物を這わせるのに使用する。

植木鉢や
食べ物を吊るす

ガーデニングの空間作りに役立つ植木鉢の吊るし方や、食べ物を干すときの吊るし方を紹介。いずれも時間経過で緩まないようバランスよく結ぶことが重要だ。

植木鉢を吊るす

ビン吊り結び

1

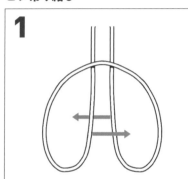

ロープをふたつ折りにしてさらに折り返し大きな輪をふたつ作る。そして、矢印の方向にロープを重ねる。

3

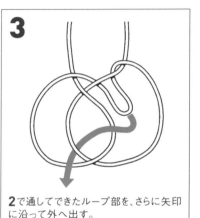

2で通してできたループ部を、さらに矢印に沿って外へ出す。

2

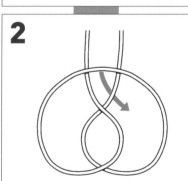

折り返した輪の上側を、矢印の方向へ通す。

4

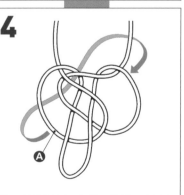

Ⓐの部分を持ち、矢印の位置へ裏返すようにしながら持っていく。

5

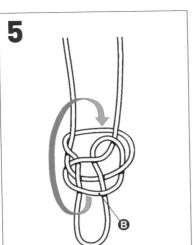

Ⓑの部分を持ち、矢印の位置へかぶせるようにしながら持っていく。

7

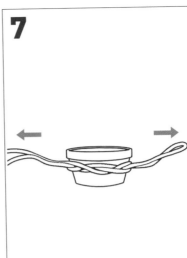

植木鉢の真ん中より少し上に輪がくるようにして、両端の2本とループを引いて固定する。

6

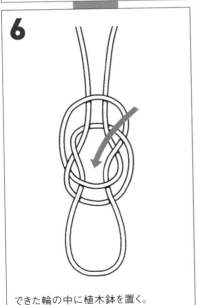

できた輪の中に植木鉢を置く。

8

完成

ロープの両端を吊るしたい箇所に結ぶ。安定感と強度のある結びだ。

柿の吊るし方

1

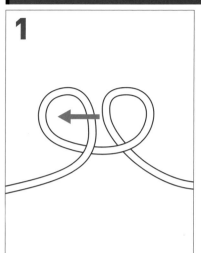

ひもの端がそれぞれ外側になるようにふたつ輪を作り、矢印の方向へずらす。

2

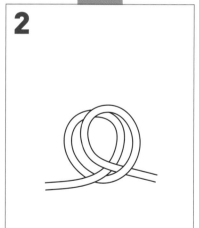

輪を重ねて、大きさと形を整える。

3

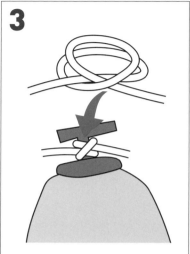

柿の枝へ輪を通して、両端を引いて固定する。

4　完成

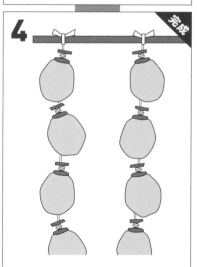

1～3を繰り返し、最後にひもの端を結びつけて吊るす。

大根の吊るし方

巻き結び（クローブ・ヒッチ）

1

ロープで輪を作り、さらに右側にもうひとつ輪を作る。

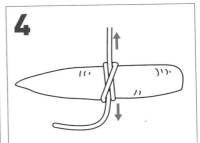

4

ロープの元と端を引っ張り、ふたつの輪がくっつくようにする。

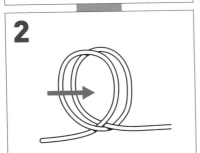

2

左側の輪を右側の輪の上に重ねる。

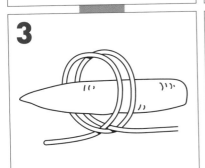

5

残ったロープに**1**〜**2**の手順でもうひとつ2重の輪を作り別の大根を入れる。

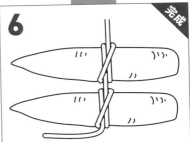

6

輪を順に作っていくことで、大根を縦に並べることができる。

完成

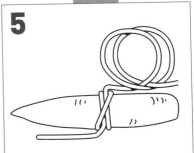

3

ふたつの輪の間に大根を通す。

園芸

唐辛子の吊るし方

1

ひもを2本用意してそれぞれ折り返し、束ねて「8の字結び」(→P40)にする。

2

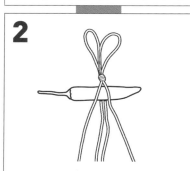

下と上に2本ずつひもが重なるように唐辛子を置く。

3

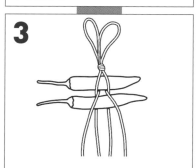

2で下側だった2本を上側の2本の内側から上に出して、**2**と同様に唐辛子を置く。

4

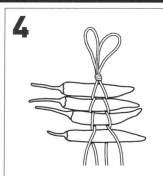

2と**3**を繰り返し、唐辛子を並べていく。

5

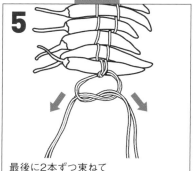

最後に2本ずつ束ねて「本結び」(→P54)で固定する。

6 完成

細い物を並べて固定する結び。上のふたつの輪を引っかけるか結んで固定できる。

1

片手で花束をつかみ、ひもを2周させる。

2

ひもの両端を引っ張りしめる。

3

「蝶結び」（→P136）で固定する。

4

完成

簡単に手早くできる結びだ。

園芸

1

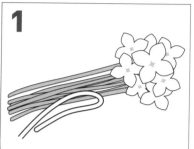

花を束ねたらロープをふたつ折りにして
ループを作る。

4

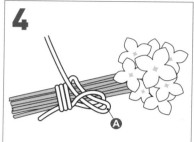

端側でロープをふたつ折りにして🅐を作
り、輪に通す。

2

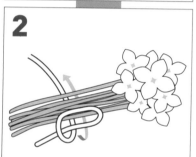

輪ができるように端を元に交差させ、輪
を巻き込むように端で茎を巻いていく。

5

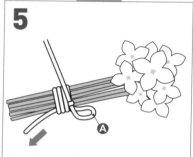

元側を引いて輪を縮めながらしっかりし
める。

3

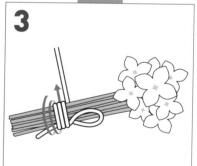

ロープを3〜4回巻きつけて引っ張る。

6 完成

余ったロープをカットして完成。

224

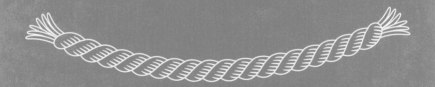

パート **8**

⚠️

緊急時に使う
ロープワーク

緊急時に使う ロープワークのポイント

　災害に遭遇したとき、1本のロープが生死を分けることがある。流された人を救助するため、火が出た高い建物から人を降ろすためなど、いろいろなシーンでロープの活躍が期待される。災害はいつ起こるともわからないので、しっかりと災害用のロープワークを覚えておくことが、大切な命を救うきっかけとなることをしっかりと意識しておこう。

巻き結び

腰掛け結び

連続8の字結び

けまん結び

　人命救助では、ロープで人の体重を支えることが多い。よって、十分な強度を持ったロープが必要だ。さらに、被災者との距離はまちまちなので、ある程度の長さを準備しておく必要がある。常備する場所を共有しておくなど、普段から災害を想定しておくのがたいせつ。

　緊急時には、結び目が不用意にほどけないことが絶対条件となる。さらに、体重などを分散させる必要もあるので、結び目だけでなく、全体的なロープワークの組み合わせもたいせつだ。また、救助効率を考えると、ほどきやすさなども重要なポイントになってくる。

本結び

01 防災に使う

台風や大雨、地震など、自然災害に備えるときにもロープワークは重要になる。
迅速かつ強度のある、おもに何かを固定する結び方を解説する。

自転車を柵に固定する

巻き結び（クローブ・ヒッチ）

1

自転車を塀や強度のある柵の側に置き、「巻き結び」（→P76）で柵とサドルの下の部分をそれぞれ固定する。

2

1と同じく「巻き結び」で、柵とハンドル下の枝分かれしているフレームの間をそれぞれ固定する。

3

完成

室内にしまうのが難しい場合の台風時の備え方だ。柵がない場合は雨樋の固定金具などに固定してもよい。

物干し竿を固定する

本結び（リーフ・ノット）

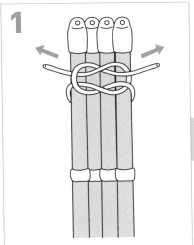

1 物干し竿を束ねて、ロープで端を「本結び」（→P54）で縛る。

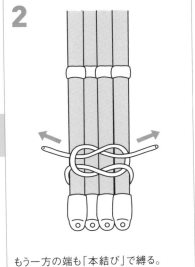

2 もう一方の端も「本結び」で縛る。

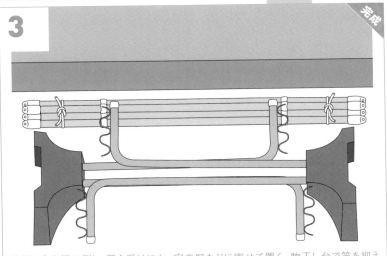

3 完成

物干し台も横に倒し、風を受けにくい家の壁などに寄せて置く。物干し台で竿を抑えるように置くのもポイント。

1

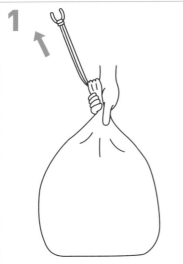

土のう袋の上をつかみ、口ひもを引き絞る。

2

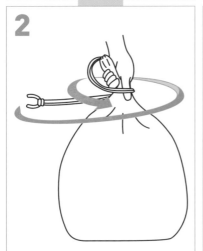

上口をつかんだまま、親指といっしょに2〜3回ひもを巻きつける。

3

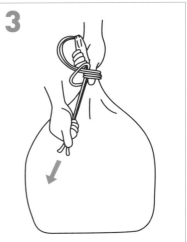

巻きつけたひもの裏を通るように、上から端を通し、つかんでいた手を放して引きしめる。

4 完成

口ひもを使用した、緊急時でも手早くできる結びだ。

浸水に備えて荷物を吊るす①

1

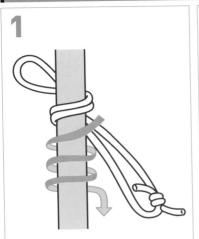

「テグス結び」(→P56)などで輪を作り、支柱に3~4回巻きつける。

3

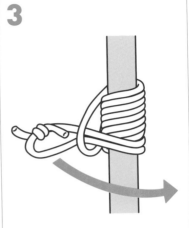

2で通した輪を、矢印の方向へ強く引いてしめる。

2

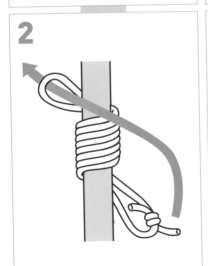

下の輪を上の輪に通す。

4

完成

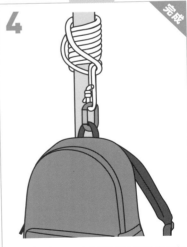

カラビナやロープで下の輪と荷物をつなぎ吊るす。引っ掛かりのない柱にも吊るすことができる。

樽結び

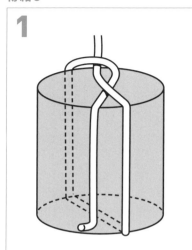

1

吊るしたい物に対して縦にロープを1周させる。

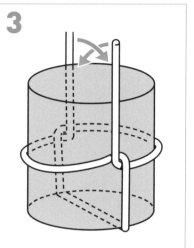

3

元側と端を上で「本結び」(→P54)して固定する。

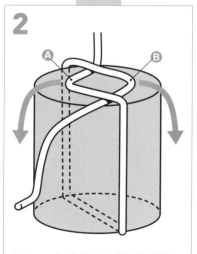

2

上でロープを交差させ、🅐と🅑を側面の真ん中あたりまで左右にロープをさげる。

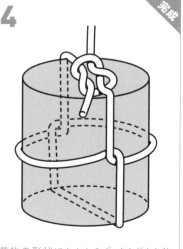

4

完成

荷物の形状にかかわらず、さまざまな物も手早く結べる結び方だ。

強化もやい結び

1

「もやい結び」(→P86)で輪を作る。

3

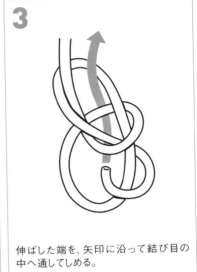

伸ばした端を、矢印に沿って結び目の中へ通してしめる。

2

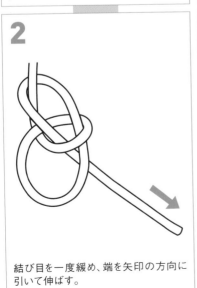

結び目を一度緩め、端を矢印の方向に引いて伸ばす。

4

完成

輪にカラビナやロープで物を固定して吊るす。「もやい結び」よりも強度のある結び方だ。

緊急時

緊急時に使う

台風や地震、火災といった緊急時にロープやひもを結ぶときは、、安全性や強度
も大事だが、手早く結ぶことも重要になる。

負傷者を搬送する①

テグス結び（ダブル・フィッシャーマンズ・ノット）

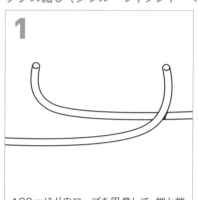

1

120㎝ほどのロープを用意して、端と端
をそろえる。

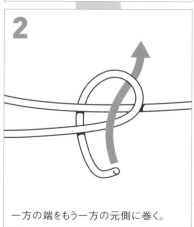

2

一方の端をもう一方の元側に巻く。

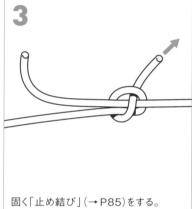

3

固く「止め結び」（→P85）をする。

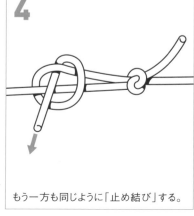

4

もう一方も同じように「止め結び」する。

5

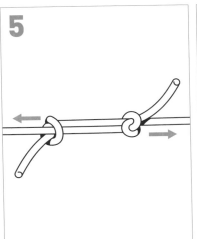

ふたつの結び目がくっつくように元側を
強く引く。

7

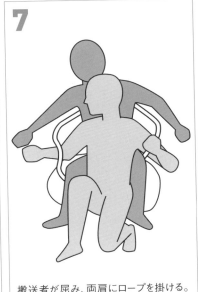

搬送者が屈み、両肩にロープを掛ける。

6

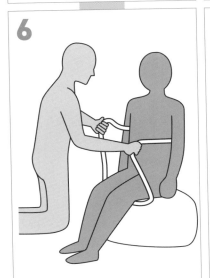

負傷者の背中とももの2か所に、つなげ
たロープを掛ける。

8

完成

立ち上がり負傷者を背負う。一時的な
搬送に適した結びだ。

外科結び（サージェンズ・ノット）

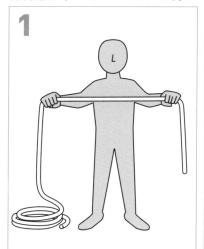

1

20mほどのロープを用意して束ねていく。まず、1mぐらいの長さで、両手で持つ。

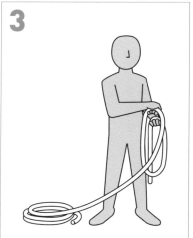

3

ねじれができないように、輪にしながら左手で持つ。

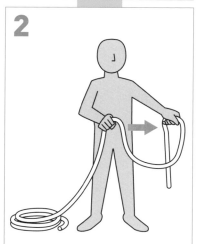

2

右手の高さをそのままに、左手にロープを渡す。

4

1～3を繰り返してロープを束ねていく。

5

束ね終わったら、輪の直径が80cmほどになるように調節する。

7

結んだ輪の束をふたつに分ける。

6

ロープの両端を束ねたロープにそれぞれ巻きつけ、最後に端どうしを「ひと結び」（→P15）する。

8

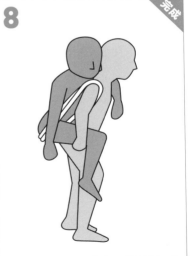

それぞれの輪に負傷者の足を通し、お尻の位置まで上げたら、搬送者がおんぶをする形で肩に束を掛ける。

237

上体と足を支えて高所から降りる

腰掛け結び（ボーライン・オン・ザ・バイト）

1

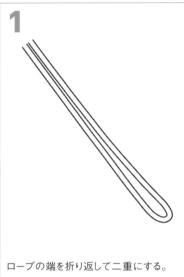

ロープの端を折り返して二重にする。

3

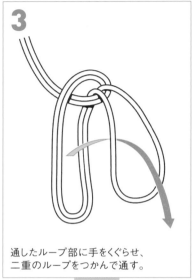

通したループ部に手をくぐらせ、
二重のループをつかんで通す。

2

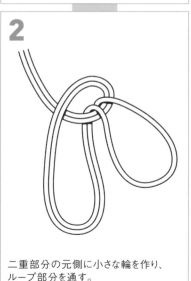

二重部分の元側に小さな輪を作り、
ループ部分を通す。

4

完成

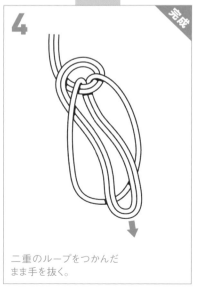

二重のループをつかんだ
まま手を抜く。

5

最初のループ部分を図のように上へ回す。

8

完成

結び目をしっかりしめて完成。

6

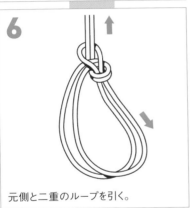

元側と二重のループを引く。

9

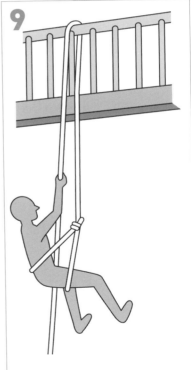

一方の輪を両脇に、もう一方に両足を通して体を支える。

7

ふたつの輪の大きさを調節しながら結び目をしめる。

スペイン式もやい結び (スパニッシュ・ボーライン)

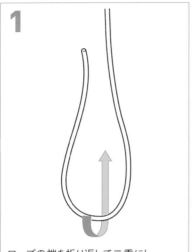

1

ロープの端を折り返して二重にし、ループ部を裏側へ反転させる。

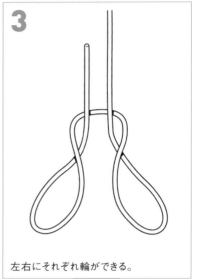

3

左右にそれぞれ輪ができる。

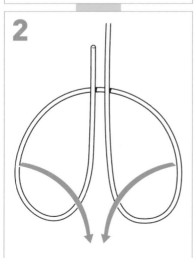

2

できたふたつの輪をそれぞれ内側へひねる。

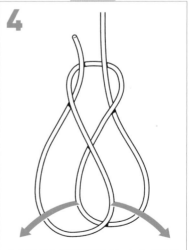

4

右の輪を左の輪に通して、左右の輪の位置を入れ替える。

5

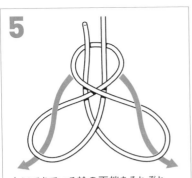

上にできている輪の両端をそれぞれ
左右の輪に上から通す。

8

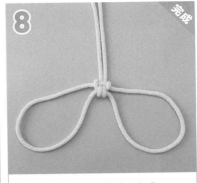

ふたつの輪ができた状態で完成。

6

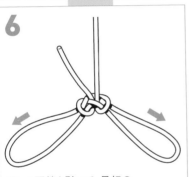

通した両端を引いて、最初の
左右の輪をしめる。

9

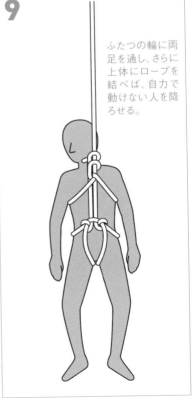

ふたつの輪に両
足を通し、さらに
上体にロープを
結べば、自力で
動けない人を降
ろせる。

7 裏側

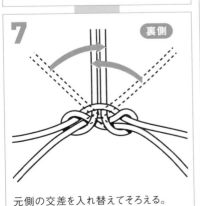

元側の交差を入れ替えてそろえる。

二重8の字結び（ダブル・フィギュア・エイト・ノット）

1

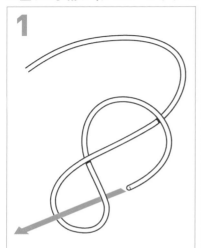

端に1m程度の余裕を残して、
ゆるい「8の字結び」（→P40）を作る。

2

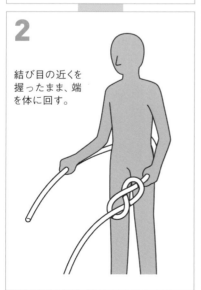

結び目の近くを
握ったまま、端
を体に回す。

3

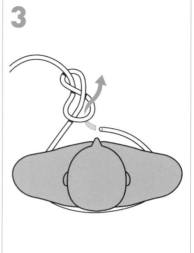

端を「8の字」の手前の輪に通す。

4

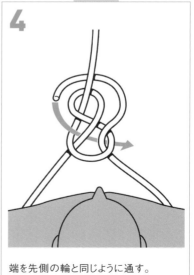

端を先側の輪と同じように通す。

5

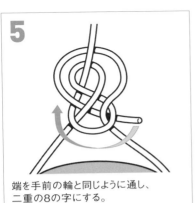

端を手前の輪と同じように通し、
二重の8の字にする。

8

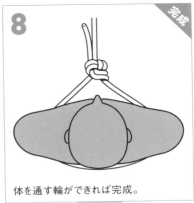

体を通す輪ができれば完成。

6

端を先側の輪に通す。

9

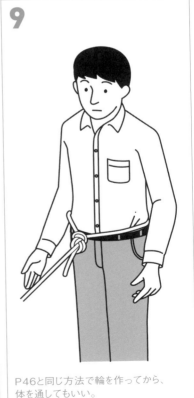

P46と同じ方法で輪を作ってから、
体を通してもいい。

7

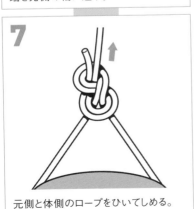

元側と体側のロープをひいてしめる。

人命救助結び

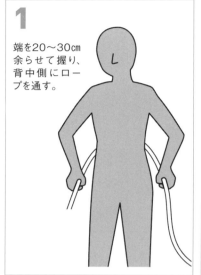

1 端を20〜30cm余らせて握り、背中側にロープを通す。

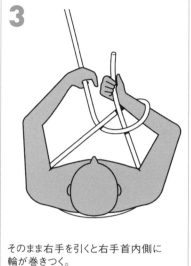

3 そのまま右手を引くと右手首内側に輪が巻きつく。

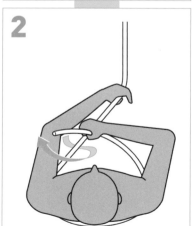

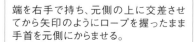

2 端を右手で持ち、元側の上に交差させてから矢印のようにロープを握ったまま手首を元側にからませる。

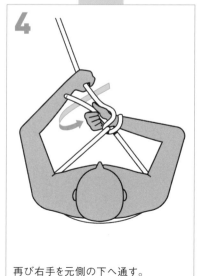

4 再び右手を元側の下へ通す。

5

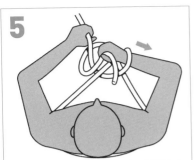

元側の下を通った端を右手の親指と人差し指を使ってつまみ、端を持ったまま手首の輪から手を抜く。

8

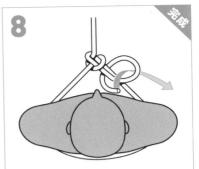

余った端でさらに「ひと結び」（→ P15）すると確実だ。

6

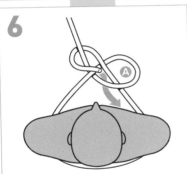

Ⓐの輪をくぐった端が元側をひと巻きして再びⒶの輪をくぐる形になる。

9

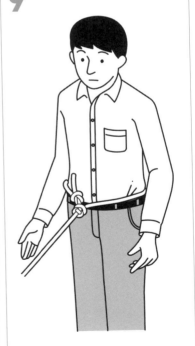

端を片手で握ったまま「もやい結び」（→ P86）を行う方法だ。

7

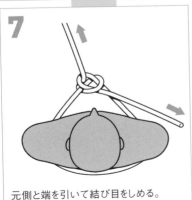

元側と端を引いて結び目をしめる。

コイル巻き

1

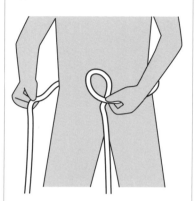

腰の位置でロープを持ち、左手で図のように輪を作る。

3

ロープを持ち替えて、もう1〜2周胴に巻きつける。

2

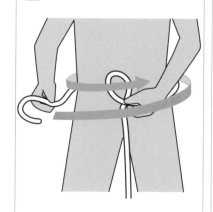

輪の交点を巻き込むようにして、右手に持った端を胴にひと巻きする。

4

右手側にきた端を持ち、1の輪の中に上から通す。

5

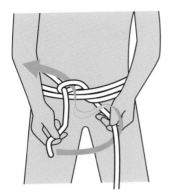

輪につながっている元側のロープの下を通し、今度は下から輪へ通す。

7

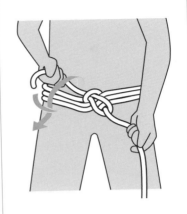

余った端は腰に束ねたロープへ「止め結び」(→P85)する。

6

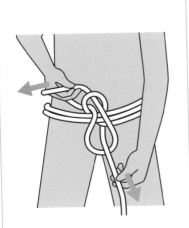

端と元側を持ち、それぞれ反対方向に引きしめる。

8

完成

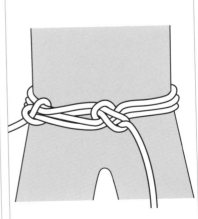

太くて長いロープを体に固定するときに適した結びだ。

倒れた家具や重い物を持ち上げる

けまん結び

1

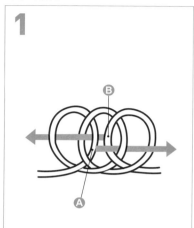

ロープに3つの輪を作り、真ん中の輪の
A B をそれぞれ矢印の方向に通す。

3

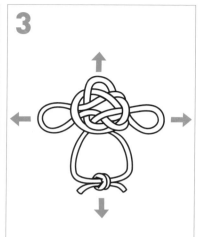

4方向に輪を引っ張り、それぞれ輪が均
等の大きさになるようにする。

2

端どうしを「本結び」(→P134)で結ぶ。

4

完成

中心を持ち上げたい物の下に入れ、輪
を4人でたすき掛けして引き合い浮かせ
る。何かが下敷きになっていて物を浮か
せたいときに使う。

懸垂ロープにコブを作る

連続8の字結び（チェイン・オブ・フィギュア・エイト・ノット）

1

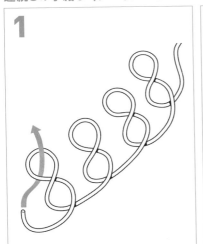

ロープにほぼ等間隔の8の字を作り、端を「8の字結び」（→P40）にする。

2

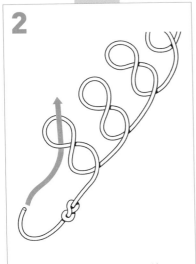

ふたつ目の8の字に端を通して結ぶ。

3

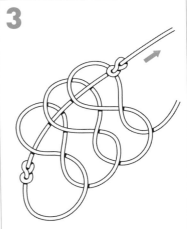

同じ要領ですべての8の字に端を通し、つぎつぎと結び目にしていく。

4

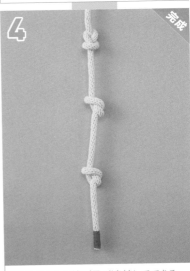

完成

写真のように結び目が連続してできる。

懸垂ロープに足掛けの輪を作る

よろい結び（ハーネス・ノット）

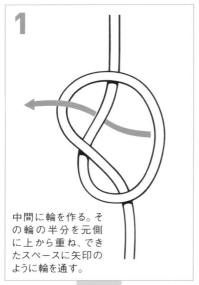

1

中間に輪を作る。その輪の半分を元側に上から重ね、できたスペースに矢印のように輪を通す。

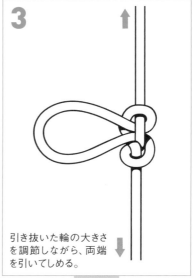

3

引き抜いた輪の大きさを調節しながら、両端を引いてしめる。

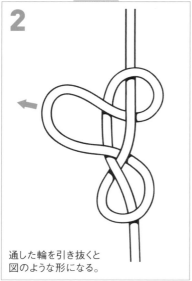

2

通した輪を引き抜くと図のような形になる。

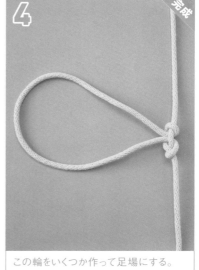

4 完成

この輪をいくつか作って足場にする。

縄ばしごを作る

てこ結び（ボー・ノット）

1

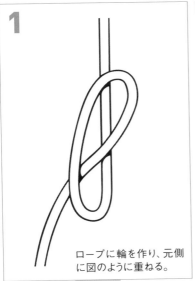

ロープに輪を作り、元側に図のように重ねる。

3

ロープの上下を引いてしめる。

2

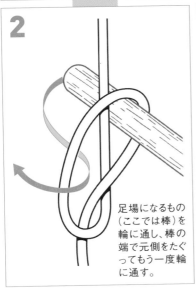

足場になるもの（ここでは棒）を輪に通し、棒の端で元側をたぐってもう一度輪に通す。

4

完成

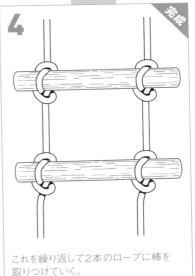

これを繰り返して2本のロープに棒を取りつけていく。

ベルトをつなぐ

ふじ結び（ウォーター・ノット）

1

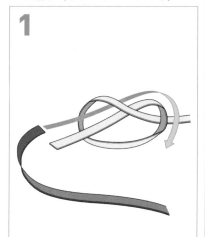

1本のベルトの端にゆるい「止め結び」（→P85）を作り、端からもう1本のベルトを差し込む。

2

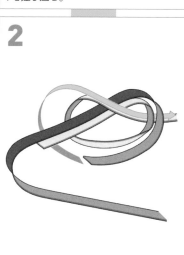

結びを逆方向へ重ねていく。

3

両方のベルトの両端を左右に引いて結び目をしめる。

4  完成

平たいひも状の物を結び合わせるときに適している。ベルトをつなげばロープの代わりになる。

シーツをつなぐ

本結び（リーフ・ノット）／止め結び（オーバー・ハンド・ノット）

1

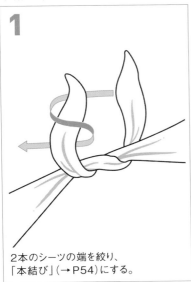

2本のシーツの端を絞り、
「本結び」（→P54）にする。

2

結び目をきつくしめ、さらに
両端を「止め結び」（→P85）する。

3

この結び方でシーツをつないでいく。

4

完成

「本結び」だけだとほどけるおそれが
あるので、「止め結び」で補強する。

ロープの強度を上げる①

鎖結び（チェイン・ノット）

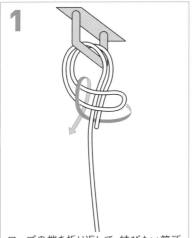

ロープの端を折り返して、結びたい箇所に通して「二重止め結び」（→P269）する。

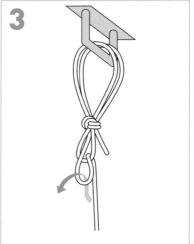

2でできたループに、また元側のロープと通す。

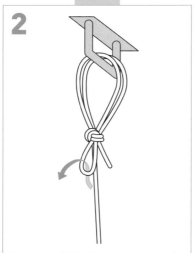

1でできた手前の輪に、元側のロープを通す。

完成

2と**3**を繰り返す。ロープの強度が増し、自動車の牽引などでも使える結びだ。

二重鎖結び（ダブル・チェイン・ノット）

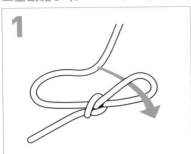

1 「鎖結び」（→P166）の要領で、最初にひとつ輪を作り、その中へ元側を通す。

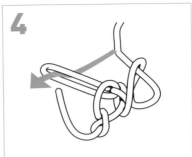

4 3でできた左側の輪に、元側を通す。

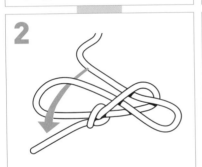

2 左側にできた輪に、元側を通す。

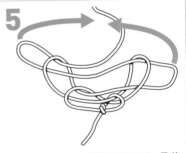

5 2～4を任意の回数繰り返したら、最後に左右の輪を合わせて結びつける。

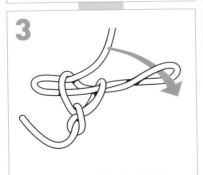

3 2でできた右側の輪に、元側を通す。

6 完成

ロープが五重に重なり、「鎖結び」よりも強度のある結びだ。

緊急時

ロープの強度を上げる③

連続引き解け結び

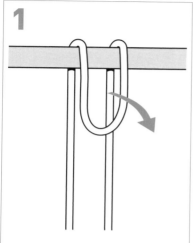

1

ふたつ折りにしたロープを棒などに掛け、元側の片方をループに通し少し出す。

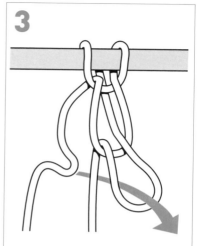

3

できたループに、交互に元側のロープを通す作業を繰り返す。

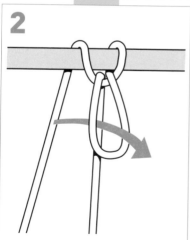

2

1でできたループに、もう一方の元側を通して少し出す。

4 完成

ロープが四重になる強度のある結びで、ほどくときは片方ずつ端を引っ張れば簡単にほどける。

03 応急処置で使う

ロープワークではないが、応急処置での包帯の使い方も知っておきたい。キャンプや釣りなどのアウトドアでも、まさかのときに役立つ技術だ。

腕に包帯を巻く

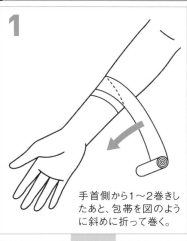

1

手首側から1〜2巻きしたあと、包帯を図のように斜めに折って巻く。

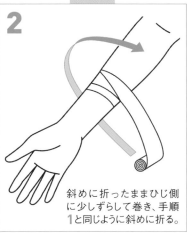

2

斜めに折ったままひじ側に少しずらして巻き、手順1と同じように斜めに折る。

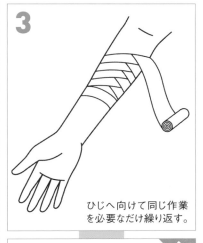

3

ひじへ向けて同じ作業を必要なだけ繰り返す。

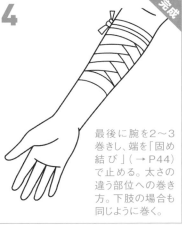

4 完成

最後に腕を2〜3巻きし、端を「固め結び」(→P44)で止める。太さの違う部位への巻き方。下肢の場合も同じように巻く。

緊急時

関節に包帯を巻く

1

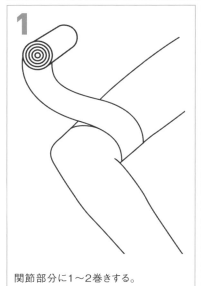

関節部分に1〜2巻きする。

2

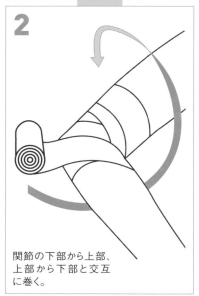

関節の下部から上部、
上部から下部と交互
に巻く。

3

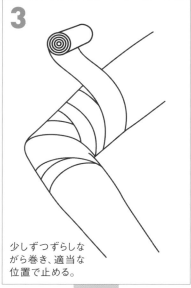

少しずつずらしな
がら巻き、適当な
位置で止める。

4

完成

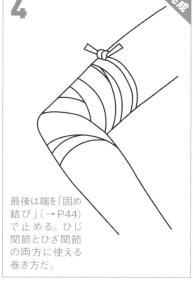

最後は端を「固め
結び」(→P44)
で止める。ひじ
関節とひざ関節
の両方に使える
巻き方だ。

手に包帯を巻く

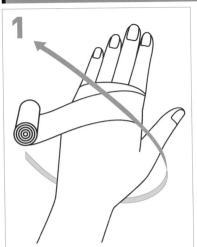

1

4本の指のつけ根に1～2巻きし、手の甲を通して小指側から手のひらへ回す。

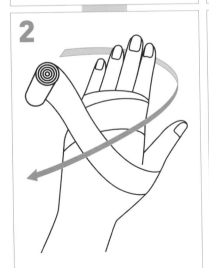

2

親指のつけ根から甲側へ回し、図のように巻く。

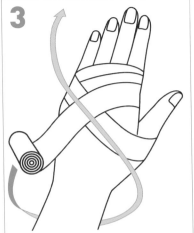

3

手順**1**～**2**を繰り返し、包帯を甲で交差させながら手首へずらして巻いていく。

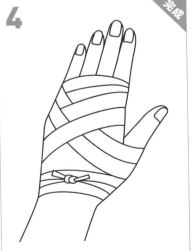

完成

4

最後は手首で1～2巻きして「固め結び」（→P44）で止める。

手の指に包帯を巻く

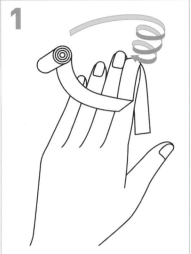

1

指全体を包帯で包み、指先から
つけ根へ巻いていく。

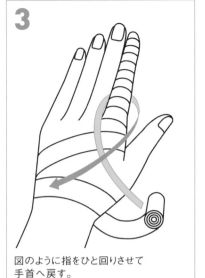

3

図のように指をひと回りさせて
手首へ戻す。

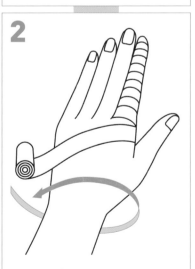

2

つけ根まで巻いたら、
手首にひと巻きする。

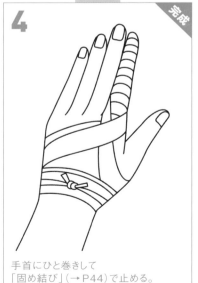

4

完成

手首にひと巻きして
「固め結び」（→P44）で止める。

足に包帯を巻く

1

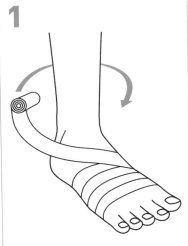

指側からかかと方向へ巻き、
甲から足首へ回す。

2

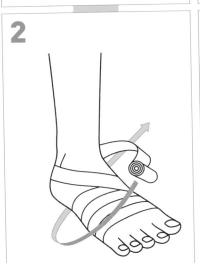

図のように足裏を通して甲へ戻す。

3

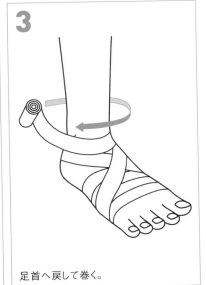

足首へ戻して巻く。

4

完成

足首に2〜3巻きして
「固め結び」（→P44）で止める。

足の指に包帯を巻く

1

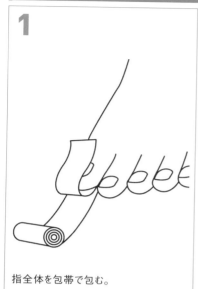

指全体を包帯で包む。

2

爪側から包帯を掛け、足裏側で折り返して指先へ戻すという包み方だ。

3

指先から包帯を巻いていく。

4

完成

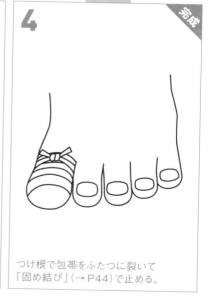

つけ根で包帯をふたつに裂いて「固め結び」(→P44)で止める。

三角巾で腕をつる

1

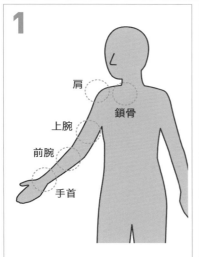

手首や前腕だけでなく、上腕、肩、鎖骨をケガした場合も同じ方法で腕を吊る。

2

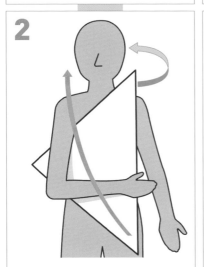

ひじ関節を90度に曲げて三角巾を当て、矢印のように端を首の後ろへ回す。

3

三角巾の両端を首の後ろで「本結び」(→P54)にする。

4　完成

肩や鎖骨の場合は、三角巾の上からさらにバンドなどで上腕を固定する。

緊急時

丸太とロープで担架を作る

1

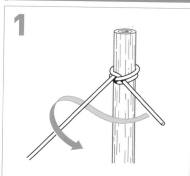

「巻き結び」（→P76）で始端を止める。

2

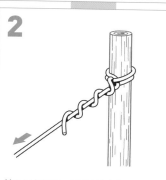

端と元側を2〜3回より合わせる。

3

丸太を横にし、もう一本の丸太を垂直に重ねて図のようにロープを巻く。

4

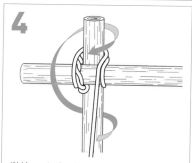

縦棒の上裏、横棒の右表、縦棒の下裏、横棒の左表の順に3〜4回巻く。

5

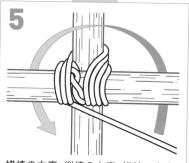

横棒の右裏、縦棒の上表、横棒の左裏、縦棒の下表の順に3〜4回巻く。

6

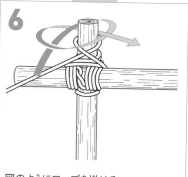

図のようにロープを掛ける。

7

交差部に端を通してしめる。

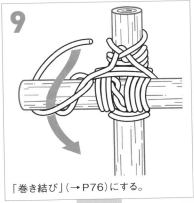

9

「巻き結び」(→P76)にする。

8

余った端を横棒にひと巻きする。

10

結び目を引きしめて、余分なロープを
カットする。

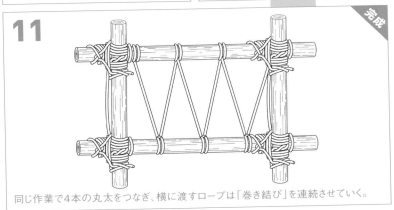

11

完成

同じ作業で4本の丸太をつなぎ、横に渡すロープは「巻き結び」を連続させていく。

04 車が故障したとき

ロープで牽引する方法、スタックした車を引き上げるときのロープの使い方など。
牽引する際は車をゆっくり動かし、ロープをピンと張らせてから牽引を始める。

車を牽引する①

1

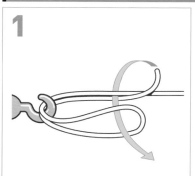

ロープをふたつ折りにして牽引フックに掛け、端を図のようにループに通す。

3

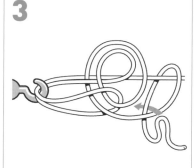

余った端を元側にひと巻きし、その輪に小さなループを通してしめる。

2

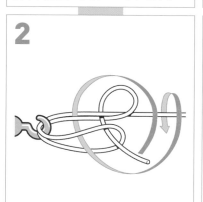

もう一度元側に端を回し、2本の間を通してループに通す。

4

完成

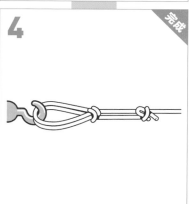

結んだ状態。端の結び目は簡単に引き解くことができる。

266

車を牽引する②

1

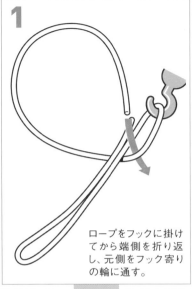

ロープをフックに掛けてから端側を折り返し、元側をフック寄りの輪に通す。

2

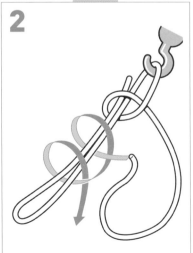

さらに元側で二重になった端側のロープをふた巻きする。

3

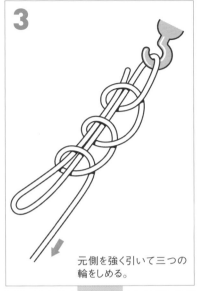

元側を強く引いて三つの輪をしめる。

4

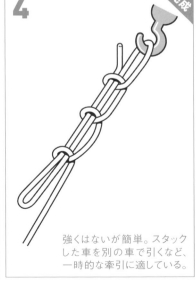

完成

強くはないが簡単。スタックした車を別の車で引くなど、一時的な牽引に適している。

車を人力で引っ張る

よろい結び（ハーネス・ノット）

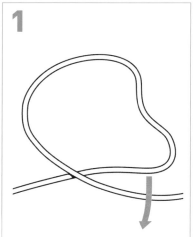

1

輪を作り、輪の端を元側に
上から重ねる。

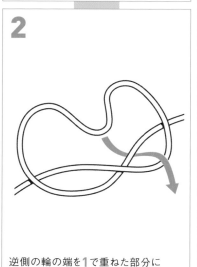

2

逆側の輪の端を**1**で重ねた部分に
矢印のように下から通す。

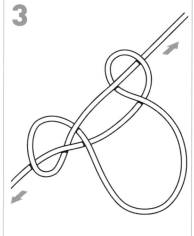

3

通した部分を引いてループにし、
元側と端を左右に引く。

4

完成

人数分の輪を作ってたすき掛けして引く。

二重止め結び（ループ・ノット）

1 傷んだ部分でロープをふたつ折りにする。

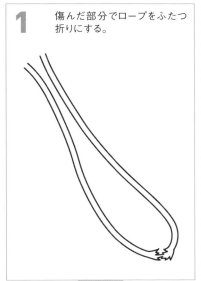

3 強く引いて結び目をしめる。

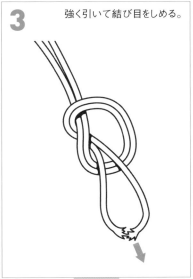

2

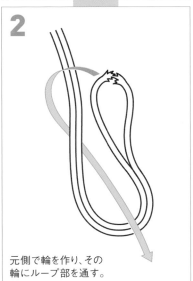

元側で輪を作り、その輪にループ部を通す。

4 完成

使わない

強く結べば傷んだ部分に力が加わることはない。

緊急時

二重8の字結び（ダブル・フィギュア・エイト・ノット）

1

傷んだ部分でロープをふたつ折りにし、元側に回す。

3

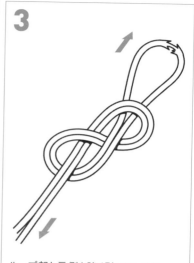

ループ部と元側を強く引いてしめる。

2

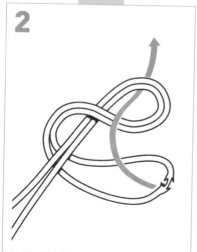

元側に輪を作り、ループ部を8の字の輪に通す。

4

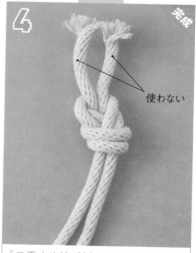

使わない

「二重止め結び」（→P269）よりもさらに強度の高い結び方。

ロープの
メンテナンス

01 ロープの端を止める

ロープを切断したら必ずしなければならないのが「端止め」だ。どのロープでも端止めをしていないと、使っているうちにどんどんほどけてきてしまう。

テープで止める

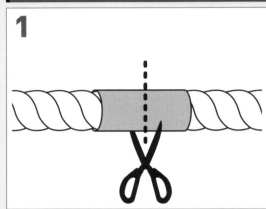

1 布製ガムテープや電気コード用の絶縁テープなどで端を巻く簡単な方法。切断したい部分の両側にテープを巻くか、切断したい部分に長めに巻いたテープの上からロープを切ってもいい。あまり確実な方法ではないので、一時的な端止めに使う。

焼いて止める

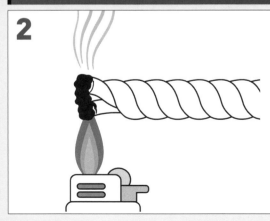

2 化繊ロープなら切断面を火で溶かすという方法も使える。溶けて柔らかくなったところを指で押し固めるのだ。

1

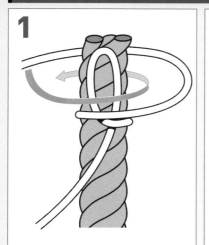

タコ糸の端をロープに沿わせ、
輪を作って戻す。

3

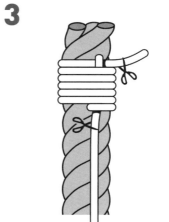

引くことによって輪は巻きつけた
糸の中に入ってしまう。

2

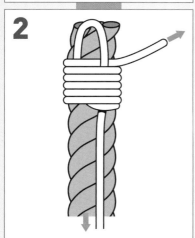

タコ糸を重ねないように注意しながら、
輪の上にきつく巻きつけていく。ロープ
の先端近くまで巻き上げたら、最初の輪
にタコ糸の端を通し逆端を引く。

4

完成

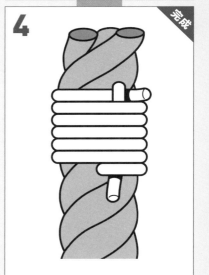

余った糸の両端をカットして仕上げる。

ロープの端を一度ほどいて止める①

クラウン・ノット

1

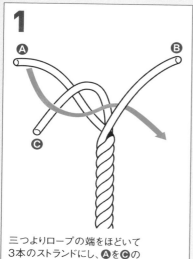

三つよりロープの端をほどいて
3本のストランドにし、**Ⓐ**を**Ⓒ**の
上から**Ⓑ**、**Ⓒ**の間へ通す。

2

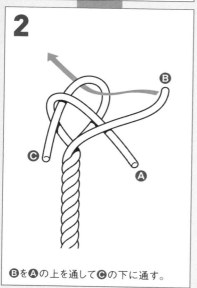

Ⓑを**Ⓐ**の上を通して**Ⓒ**の下に通す。

3

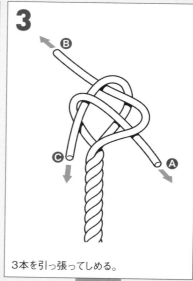

3本を引っ張ってしめる。

4

完成

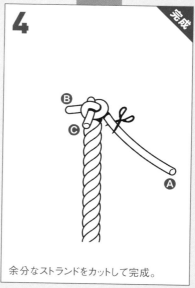

余分なストランドをカットして完成。

ウォール・ノット

1

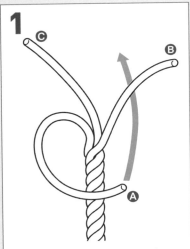

三つよりロープの端をほどいて3本の
ストランドにし、Ⓐを隣のⒷの下に通す。

3

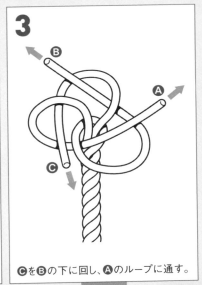

ⒸをⒷの下に回し、Ⓐのループに通す。

2

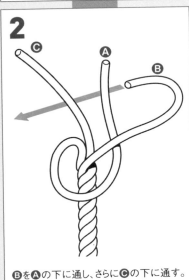

ⒷをⒶの下に通し、さらにⒸの下に通す。

4

完成

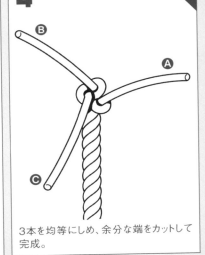

3本を均等にしめ、余分な端をカットして
完成。

ロープの端を一度ほどいて止める③

バック・スプライス

1 ロープの端をほどいて「クラウン・ノット」(→P274)にする。

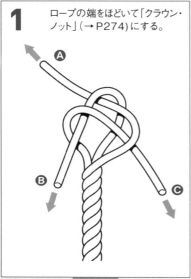

3 **B**の元をたどって元側をゆるめ、**A**越しに端を通してしめる。

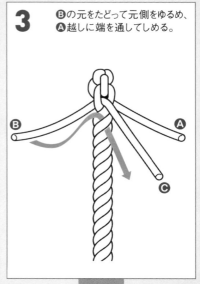

2

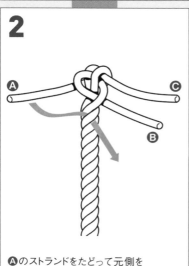

Aのストランドをたどって元側を
ゆるめ、**A**の端を通してしめる。

4

完成

Cも同じようにし、この手順を
さらに2回繰り返して完成。

02 ロープのまとめ方

ロープを持ち歩くときや保管する場合に知っておきたいのがロープのまとめ方だ。
キンクの防止や、緊急時にすぐ使えるようにぜひひとつはマスターしておきたい。

細いロープをまとめる①

棒結び

1

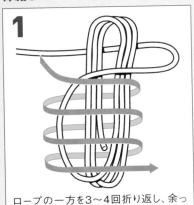

ロープの一方を3〜4回折り返し、余ったロープをきれいに巻きつけていく。

3

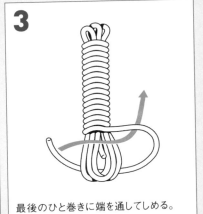

最後のひと巻きに端を通してしめる。

2

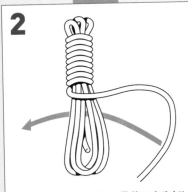

端が少なくなってきたら、最後にゆるくひと巻きする。

4

完成

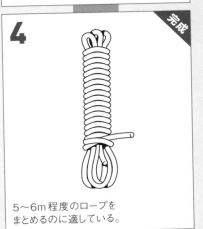

5〜6m程度のロープを
まとめるのに適している。

えび結び

1

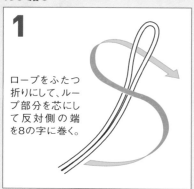

ロープをふたつ折りにして、ループ部分を芯にして反対側の端を8の字に巻く。

2

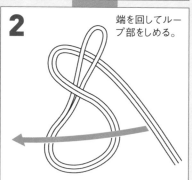

端を回してループ部をしめる。

3

8の字に重ねてやや大き目の8の字に巻く。

4

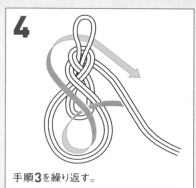

手順**3**を繰り返す。

5

端を最初に作った8の字の下の輪に通し、芯のループを上に引いてしめる。

6

完成

見た目も美しくすぐにほどける。

巻き結び (クローブ・ヒッチ)

1

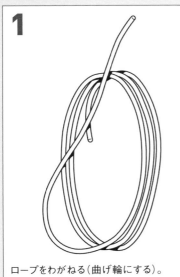

ロープをわがねる（曲げ輪にする）。

3

元側の上を通るようにひと巻きして、輪に下から通してしめる。

2

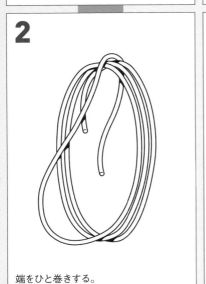

端をひと巻きする。

4

完成

簡単に素早くできるまとめ方だ。

セイラーマンズ・コイル

1

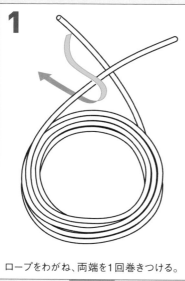

ロープをわがね、両端を1回巻きつける。

3

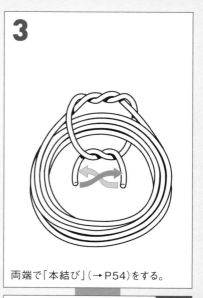

両端で「本結び」(→P54)をする。

2

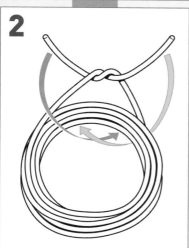

両端を図のようにわがねたロープにくぐらせる。

4

完成

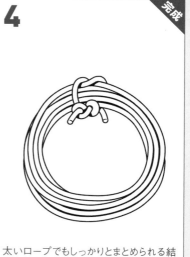

太いロープでもしっかりとまとめられる結び方だ。

太くて長いロープをまとめる②

1

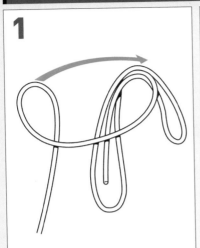

小さな輪を作ったロープを図のように持ち、ロープを折り返しながら左右に振り分ける。

2

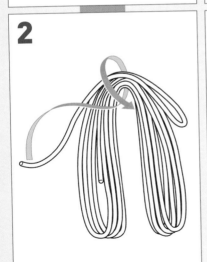

振り分けの最後の輪は小さめにして、端を振り分けの中央に3〜4回巻く。

3

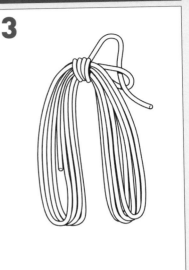

振り分けの最後の輪に、端を輪に通す。

4 完成

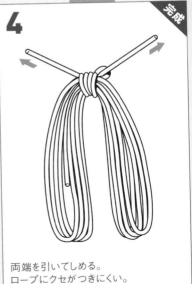

両端を引いてしめる。
ロープにクセがつきにくい。

エクセレント・コイル

1

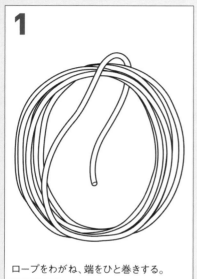

ロープをわがね、端をひと巻きする。

3

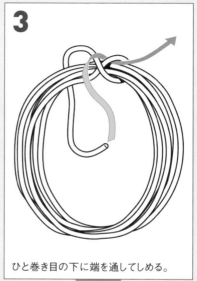

ひと巻き目の下に端を通してしめる。

2

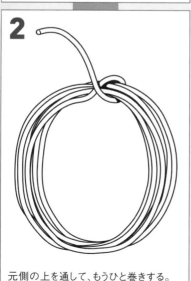

元側の上を通して、もうひと巻きする。

4

完成

簡単に素早くまとめられる。

1

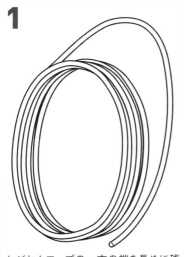

わがねたロープの一方の端を長めに残しておく。

3

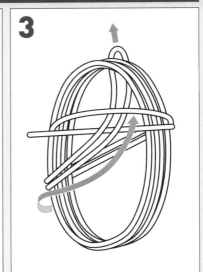
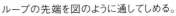

ループの先端を図のように通してしめる。

2

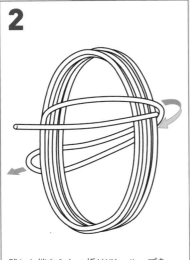
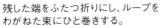

残した端をふたつ折りにし、ループをわがねた束にひと巻きする。

4

完成

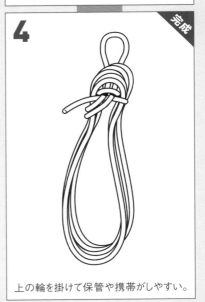

上の輪を掛けて保管や携帯がしやすい。

結び方索引

マ行

ヤ行

ラ行

パート8 「緊急時に使う ロープワーク」 監修	羽田道信（はだ みちのぶ）
	藤田医科大学特任教授。防災・救急に関する資格として NPO日本防災士会認定防災士・防災士専門員、日本赤十字社認定赤十字救急法指導員、全日本スキー連盟公認スキーパトロールなどを有し、防災・救助・救護の指導や普及活動を行っている。著書に『新版 防災・救急 に役立つ日用品活用法＆ロープワーク』（風媒社）。
イラスト	立石龍聡、にへいみき、デザインオフィス・レドンド、にわゆり、亀吉 希、このえまる
写真	三輪友紀（スタジオダンク）
デザイン・DTP	佐藤明日香・大島歌織（スタジオダンク）
DTP	櫻井 淳
執筆協力	谷 敏朗、穂積直樹
編集協力	高橋 敦・渡辺有祐（フィグインク）、丸山亮平

※本書は、当社刊『写真と図で見る ロープとひもの結び方』（2000年12月発行）を再編集し、書名・価格等を変更したものです。

写真と図で見る ロープとひもの結び方大全

著　者	ロープワーク研究会
発行者	若松和紀
発行所	株式会社 西東社
	〒113-0034　東京都文京区湯島2-3-13
	https://www.seitosha.co.jp/
	電話　03-5800-3120（代）

※本書に記載のない内容のご質問や著者等の連絡先につきましては、お答えできかねます。

ISBN　978-4-7916-2988-6